검증 1

# 그림으로 그린 요괴들

사람들은 예로부터
요괴의 모습을 수없이 많은
그림으로 남겼다.
실제로 목격한 요괴였을까?

### 요괴들의 퍼레이드를 스케치했을까?
요괴들이 줄지어 걸어가는 『백귀야행』.
일본에 남아 있는 많은 그림들에 이런
모습이 그려져 있다!

### 에도 시대의 요괴 게임?

요괴가 크게 유행했던 에도 시대에는 카루타(읽는 카드와 그림 카드를 사용한 카드 게임)나 쌍륙(주사위)에 여러 요괴가 등장했다!

## 검증 2
# 각지에 남겨진 증거물

지금도 일본 각지에는 요괴와 관련된 물건들이 보관되어 있다. 이 물품들이야말로 요괴가 있었다는 증거일지도 모른다!

**요괴 고양이(바케네코) 소동과 얽힌 물품**

사가 현에서 벌어진 '요괴 고양이 소동'의 원인이 된 바둑판(오른쪽)과 요괴 고양이를 봉인한 고양이 묘(위)

**누에 퇴치에 사용된 화살촉**

헤이안 시대에 나타난 누에(32페이지)를 퇴치했다는 전설의 화살촉

### 텐구가 썼다는 편지
해독할 수 없는 문자로 적힌 '텐구의 사죄문'이라 불리는 수수께끼의 두루마리(부츠겐 사 소장).

### 세상에서 제일 무시무시한 귀신의 발자국?
슈텐도지가 살았다는 교토의 오오에 산에 남아 있는 수수께끼의 발자국.

# 요괴의 미라들

살아 있을 때의 모습을
그대로 간직한 미라.
이들은 정말 요괴의
미라들일까?

### 너구리가 둔갑한 목
가나가와 현에 있는 절에
주지 스님으로 둔갑해 있던
너구리가 죽은 뒤
돌이 된 '둔갑한 목'

### 뇌수의 미라
번개를 타고 나타난다고 하는
뇌수(38페이지)의 미라.
[유우잔 사(도치기 현에 위치한 절) 소장]

### 갓파의 미라
양조장의 수호신으로
소중히 모셔지는
갓파(114페이지)의 미라.
[마츠우라 일주조(一酒造) 소장]

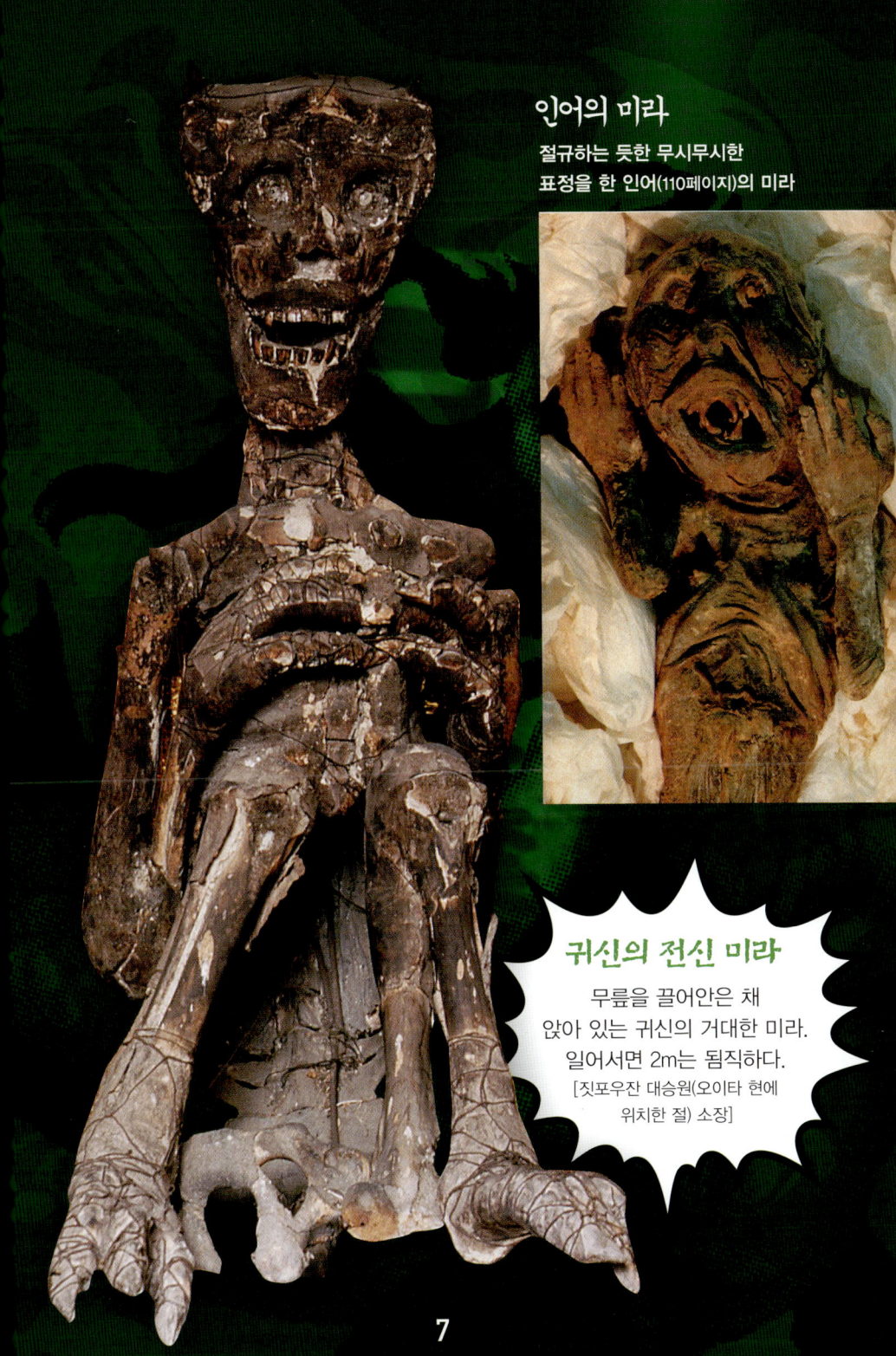

## 우시오니의 손 미라

길이는 약 13cm. 흉포한 요괴 우시오니(120페이지)의 손으로 알려졌다.
[칸논 사(가가와 현에 위치한 절) 소장]

### 까마귀 텐구의 미라

몸길이 약 35cm인 자그마한 까마귀 텐구(138페이지)의 미라.
(고보 시 교육 위원회 소장)

고대 일본에는 '요괴'를 믿었던 사람들이 많았던 것 같다!

## 목차
## CONTENTS

### 고대에는 요괴가 있었다!…1
요괴분포지도
세계의 요괴 편…12
일본의 요괴 편…14
프롤로그…16
이 책의 사용법…18

### 제1장  짐승의 모습을 한 요괴…19

구미호 / 백택(白澤) / 요괴 고양이(바케네코) / 뱀 뼈 노파(자코츠바바) /
누에(鵺) / 켄타우로스(Kentauros) / 뇌수(雷獸) / 바알세불(Beelzebul) /
분부쿠챠가마(分福茶釜) / 텟소(鐵鼠) / 케르베로스(Kerberos) / 그리핀(Griffon) /
부엘(Buer) / 미노타우로스(Minotauros) / 하르피이아(Harpy) / 나뱌치

**칼럼** 변신 너구리들의 전투! 아와 너구리전투…52

### 제2장  거대한 요괴…55

다이다라봇치 / 슈텐도지(酒呑童子) / 용 / 히드라(Hydra) / 땅거미(土蜘蛛) /
키클롭스(Kyklôps) / 고르곤(Gorgon) / 바하무트(Bahamut) /
골렘(Golem) / 형천(刑天)

**칼럼** 현대의 요괴 첫 번째 테케테케…82

### 제3장  사람의 모습을 한 요괴…83

뱀파이어(Vampire) / 넘보기 행자(미코시뉴도) / 마녀 /
외눈박이 동자승(히토츠메코조) / 늑대 인간 / 손바닥 눈(테노메) / 이러지도
저러지도(도코모코) / 설녀(雪女) / 도로타보(泥田坊) / 늘어나는 목(로쿠로쿠비) /
강시 / 좀비(Zombie) / 아산티(Ashanti) / 사시페레레(Saci-Perere)

**칼럼** 현대의 요괴 두 번째 입 찢어진 여자…108

## 제4장　물에 사는 요괴 …109

인어 / 갓파 / 오안네스(Oannes) / 우시오니(牛鬼) /
시 서펜트(sea serpent) / 후나유레이(舟幽霊) /
팥 씻김이(아즈키아라이) / 크라켄(Kraken)

**칼럼** 현대의 요괴 세 번째 인면견(人面犬) …132

## 제5장　산야에 사는 요괴 …133

잇탄모멘(一反木綿) / 모래 뿌리는 노파(스나카케바바) / 텐구(天狗) /
아부라스마시 / 사다 / 테나가아시나가(手長足長) / 벽 막이(누리카베) /
인면수(人面樹) / 알라우너(Alraune) / 고블린(Goblin) / 사토리 / 노즈치

**칼럼** 낡은 도구가 요괴가 된다! 즈쿠모가미 컬렉션 …156

## 제6장　마을에 숨어든 요괴들 …157

우왕 / 오바리욘 / 뚜벅뚜벅(베토베토상) / 오오쿠비(大首) /
비 내리는 동자승(아메후리코조) / 두부 동자승(토후코조) / 눗페후호후 /
수레바퀴 행자(輪入道) / 윌 오 위스프(Will o'the Wisp) / 페낭갈(Penanggalan) /
그렘린(Gremlin) / 호문클루스(Homunculus) / 진(Jinn)

**칼럼** 현대의 요괴 네 번째 화장실의 하나코 …178

## 제7장　집에 나타나는 요괴 …179

때 핥기(아카나메) / 뒷간 엿보기 행자(간바리뉴도) / 좌부 동자(자시키와라시) /
나마하게 / 모쿠모쿠렌 / 너덜너덜 이불(보로보로톤) /
베개 뒤집기(마쿠라가에시) / 누라리횬 / 비롱 / 부기맨(Boogeyman) /
브라우니(Brownie)

**칼럼** 요괴와 보낸 한 달, 이노 원령록 화첩 …196

# 일본의 요괴

## 주요서식 분포도

★ 교토 부근
◎ 누에(鵺)
◎ 슈텐도지(酒呑童子)
◎ 땅거미(土蜘蛛)
◎ 수레바퀴 행자(輪入道)

★ 시가 현
◎ 텟소(鉄鼠)

★ 사가 현
◎ 요괴 고양이(바케네코)

★ 나라 현
◎ 모래 뿌리는 노파(스나카케바바)

★ 에히메 현
◎ 우시오니(牛鬼)

★ 가고시마 현
◎ 잇탄모멘(一反木綿)

★ 구마모토 현
◎ 아부라스마시

## 프롤로그

당신은 '요괴'를 만난 적이 있는가?
과학이 아직 발달하지 않았던 시대의 사람들은 주변에서 일어나는 신기한 현상이나 두려운 사건에 이름을 붙이고 형태를 부여했다. 그리하여 요괴가 태어났다.
요괴 중에는 인간에게 짓궂은 장난을 치거나 위협을 가하는 나쁜 요괴도 있지만, 돈이나 힘을 주는 좋은 요괴도 있다. 이와 같은 성질을 가졌기에 장소나 시대에 따라 전해지는 모습이 다르다.
이것은 단지 일본에서만 그랬던 것은 아니다. 아득히 먼 고대부터 현대에 이르기까지 전 세계에서 두려운 요괴나 기묘한 마물의 전설이 입에서 입으로 전해져 내려오고 있다.
이런 요괴들은 단순히 무섭기만 한 존재는 아니다. 예로부터 소설이나 영화 같은 여러 오락물에 등장했으며 최근에는 만화나 게임 등 여러 장르의 소재로 쓰여 사람들을 즐겁게 해 주는 등 친근하게 다가오고 있다.

이 책에서는 84종의 전 세계의 요괴들을 골라낸 뒤, 일러스트를 함께 수록하여 그 생태나 전설에 대하여 설명했다. 실제로 요괴가 존재했는지, 혹은 아직 생존해 있는지 밝혀내는 것은 꽤나 어렵다. 그러나 여러 증거나 목격담으로 요괴가 우리 가까이에 존재했으며 인간과 밀접한 관계를 유지했다는 것을 알 수 있으리라.

당신이 사는 곳 가까이에도 알려지지 않은 요괴 전설이 남아 있을지도 모른다. 그러나 상대는 어둠의 주인이다. 부주의하게 가까이했다간, 저쪽 세계로 끌려갈 수도 있다. 이 책에 쓰인 여러 힌트나 대처법을 잘 기억해 두자!

# 이 책의 사용법

'주위에 아무도 없는데, 뒤에서 누군가 어깨를 두드린다.'
이런 불가사의한 사건을 일으키는 존재가 바로 '요괴'다.
이 책에서는 세계의 여러 요괴들을 소개하고 있다.
이제부터 그 수수께끼를 풀어 보자!

**이름**

요괴의 일반적인 호칭

**사진**

요괴의 흔적을 보여 주는 사진

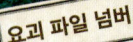

**요괴 파일 넘버**

1~84번까지 이 책에 소개된 요괴들의 번호를 표시

**메모**

알아 두면 도움이 될 토막 지식

**데이터**

요괴가 나타난 지역 외에도 위험도, 요력, 레어도 등을 별의 개수로 표시

---

### 용어 설명

| | |
|---|---|
| 기도 | 불교에서 기도에 의해 요괴나 악령의 힘을 약하게 하는 일. |
| 신통력 | 초능력. 보통 할 수 없는 일을 가능하게 해 주는 눈에 보이지 않는 힘. |
| 요괴 | 불가사의한 현상을 일으키는 눈에는 보이지 않는 존재. 해질녘에 그 모습을 드러내기도 한다. |
| 환수 | 신화나 전설에 등장하는 괴물이나 몬스터. |
| 신수 | 지역에 따라서는 신으로 섬겨지기도 하는 요괴나 괴물. |
| 변화 | 원한을 품은 생명체나 도구가 요괴가 되는 것. |
| 괴이 | 요괴나 악령이 나타날 때 일어나는 괴이한 현상. |

## FILE 01 — Monsters of the World

일본에서 최고로 흉악한 요괴

# 구미호

[장소] 일본 도치기 현
위험도 ★★★★★
요력 ★★★★★
레어도 ★★★★☆

제1장 짐승의 모습을 한 요괴

## 미녀로 변신해 악행을 일삼다

헤이안(平安, 794~1185년) 시대, 도바 상황(鳥羽上皇, 제74대 일본 천황. 상황은 은퇴한 천황을 의미한다.)의 거처에 한 아름다운 궁녀가 있었다고 한다. '타마모노마에'라 불린 이 여인은 아름다울 뿐만 아니라 매우 현명하여 도바 상황의 마음을 금세 빼앗았다. 그러나 타마모노마에가 궁에서 일하기 시작하면서, 도바 상황의 몸 상태가 나빠졌다. 의사에게 수차례 진찰을 받았으나 원인을 알 수 없었다.

음양사(점술사)인 아베노 야스나리가 점을 쳐 보고는 병의 원인이 타마모노마에라고 고해 올렸다. 사실 타마모노마에의 정체는 인도나 중국에서 미녀로 변해 당시의 권력자에게 접근하여 나라를 멸망으로 이끌었던 무시무시한 여우 요괴, '구미호'였다.

도바 상황은 아베노 야스나리의 말을 믿지 않았다. 하지만 아베노 야스나리가 요사스럽고 나쁜 기운을 퇴치하기 위한 의식을 거행하자, 타마모노마에는 "꺄아아악! 무슨 짓이냐!" 하고 고통스러워하며 여우로 변해

▲ '타마모노마에'라는 이름으로 천황이 사는 궁에 들어온 구미호

하늘로 도망쳤다. 정체가 들통 난 타마모노마에는 수도에서 멀리 떨어진 동쪽의 나스노(현재의 도치기 현 나스시오바라 시)로 도망쳤다. 이곳에서 소녀들을 납치해 잡아먹는

▲ 도치기 현 나스마치에는 구미호가 변신한 것이라고 전해지는 '살생석'이 남아 있다.

등 악행을 일삼자, 그 소문이 조정에까지 닿았다. 조정은 즉시 토벌군을 편성해 구미호 퇴치에 나섰다. 아베노 야스나리의 기도로 구미호의 마력을 억누르면서 활의 명수인 미우라노스케 요시아키, 가즈사노스케 히로츠네가 구미호를 추격했다. 구미호는 타마모노 이나리 신사로 도망친 뒤, 매미로 모습을 바꾸고 나뭇가지 그늘에서 숨을 죽이고 있었다. 그러나 '거울 연못'에 본래 모습이 비치면서 토벌군에게 발각되어 사람들을 두려움에 떨게 한 최강의 여우 요괴는 결국 죽임을 당하고 말았다. 그러나 그때, 믿을 수 없는 일이 일어났다. 구미호가 남긴 무시무시한 원념이 자신의 시체를 거대한 독석(毒石)으로 변하게 한 것이다. 돌은 인간이나 동물, 초목을 가리지 않고 목숨을 앗아가는 독가스를 항상 내뿜었다. '살생석'이라 불린 돌 근처에는 아무도 접근할 수 없었다.

그로부터 200년 후에, 아이즈의 겐노 스님이 법력(불교적인 초능력)을 써 망치로 돌을 두들겨 부숴, 결국 구미호는 성불했다고 전해진다. 그때 부서진 살생석은 현재 도치기 현 나스마치에서 볼 수 있다.

**백**택은 중국 전설에 등장하는 '기린'이나 '봉황'처럼 모습을 보면 좋은 일이 일어난다고 전해지는 전설 속 신수다. 전체적으로 염소나 소와 비슷한 외모지만 얼굴과 몸통에는 도합 9개의 눈이 달려 있다.

▲에도 시대(1603~1867년)의 서적에 그려져 있는 백택

이 세상에 존재하는 모든 일을 알고 있으며 누구의 앞에도 모습을 드러내지 않으나, 높은 덕을 쌓은 왕이 있는 곳에는 출현한다고 전해진다.

전설에 의하면 고대 중국의 황제(黃帝)가 곤륜산에 갔을 때 백택과 만났다고 한다. 백택은 사람의 언어로 중국에 있는 1만 1,520종의 요괴와 귀신에 대하여 황제에게 말했다고 한다. 그것들과 마주쳤을 때의 대처법을 정리하여 기술한 책이 『백택도』지만 현재까지 그 존재가 확인되지 않아 환상의 서적으로 불린다.

일본에서는 백택을 병마를 퇴치해 주는 고마운 존재로 여겨, 모습이 그려진 그림을 병마막이로 쓰기도 한다. 그래서 한약방 등에 백택상을 놓아두기도 했다. 또한 여행길에 안전을 지켜주는 부적으로 백택의 그림을 몸에 지니고 다니는 일도 있었다고 한다. '맥'과 같이, 나쁜 꿈을 먹어 준다고도 한다.

> **MEMO**
> '백택'을 악몽을 먹는 '맥'으로 생각하는 이들도 있었다. 그 때문에 백택의 모습을 한 조각상에 맥의 이름이 붙어 있는 일도 있다.

FILE 03
Monsters of the World

원한이 담긴 피를 핥아 변신한다

# 요괴 고양이
## (바케네코)

[장소] 일본 사가 현
위험도 ★★★★☆
요력 ★★★★☆
레어도 ★★★☆☆

제1장 짐승의 모습을 한 요괴

▲ 인간에게 원한을 지닌 요괴 고양이는 매우 흉포하고 두려운 존재다. 강철같이 날카로운 엄니와 발톱은 인간의 뼈를 씹어 바스러뜨릴 것이다.

# 고양이의 원한은 무시무시하다

고양이가 나이를 먹으면 '네코마타'라는 요괴가 된다고 한다. 네코마타는 인간의 말을 이해하며, 여러 가지 괴이한 행동을 한다. 수건을 둘러쓰고 춤을 추는 등 유쾌한 면도 있으나, 사람을 홀려 죽여 버리거나 날카로운 엄니로 사람을 물어 찢어 버리는 등의 무시무시한 면도 있다.

평범한 고양이가 네코마타가 되기 위해선 13년에서 40년 정도의 시간이 걸린다고 전해진다. 그러나 13년 이상 산 고양이라도, 네코마타가 되었는지 아닌지는 꼬리로 판별해야 한다. 네코마타는 꼬리가 2개로 갈라져 있는 것이 특징이다. 꼬리가 시작되는 부분부터 2개로 갈라진 것도 있으며, 끝부분만 갈라져 있는 것도 있다고 한다.

요괴 고양이가 등장하는 일본의 전설 중 가장 유명한 이야기가 '나베시마 고양이 소동'이다. 이 이야기의 대략적인 줄거리는 아래와 같다.

▲ 사가 현 시로이시에 있는 고양이 묘. 퇴치된 고양이가 모셔져 있다.

에도 시대, 히젠노쿠니사가번(藩)(현재의 사가 현)의 2대 번주(藩主)인 나베시마 미츠시게는 가신인 류조지 마타이치로와 바둑을 두다가 사소한 이유로 마타이치로를 죽여 버렸다. 마타이치로의 죽음은 잠시 비밀에 부쳐졌으나, 어느 날 마타이치로의 모친 오마사가 진상을 알게 되었다. 분노와 슬픔에 빠진 그녀는 스스로 가슴을 칼로 찌른 후 귀여워하며 기르던 고양이 코마에게 자신의 피를 핥게 했다.

'우리의 원수를 갚아 다오.'라고 원한 서린 말을 가득 담아서.

그 후, 미츠시게의 주변에서는 이상한 일들이 일어났다. 매일 밤, 성 안의 사람들이 죽임을 당했고, 미츠시게도 원인을 알 수 없는 병에 시달렸다. 이 모든 것은 전부 요괴로 변한 코마의 짓이었다.

그 후, 미츠시게의 가신인 고모리 한자에몬과 사냥꾼인 이토 소우타가 치열한 전투를 치른 끝에 요괴 고양이 코마를 퇴치할 수 있었다.

▲인간으로 변한 고양이를 그린 풍속화. 사람의 원한이 요괴 고양이와 합체한 것일까?

고양이의 변신과 관련된 전설은 세계 각지에서 전해지고 있다. 예를 들어 중국에는 '금화묘(金華猫)'라는 전설이 있다. 금화 지방의 고양이가 사람과 3년 동안 함께 살면서 매일 밤 지붕 위에서 달의 정기를 흡수하면 미녀나 미청년으로 변하는데, 미모를 이용하여 사람들을 유혹한다고 한다. 수상한 고양이가 있다면 조심하자.

**해** 골처럼 야윈데다 손발에는 무수히 많은 뱀을 두르고 있다. 자못 무시무시한 모습의 뱀 뼈 노파는 중국의 어느 산에 살고 있다고 전해지는 요괴다. 뱀 뼈 노파는 여러 점술사들이 모여 사는 촌락에서 수백 마리 뱀 떼가 있는 움막인 '사총(蛇塚)'에 눌러 살고 있다.

▲ 에도 시대의 서적에 그려져 있는 뱀 뼈 노파

뱀들 중에서도 가장 큰 뱀이 뱀 뼈 노파의 오른손에 감겨 있는 푸른 뱀과 왼손에 감겨 있는 붉은 뱀이다.

일설에 의하면 뱀 뼈 노파는 사총을 지키는 문지기로, 묘에 접근하려는 인간을 쫓아내는 임무를 맡았다고 한다. 푸른 뱀은 어떤 것이든 얼어붙게 하는 차가운 푸른 불꽃을 토하며, 붉은 뱀은 모든 것을 태워 버리는 붉은 불꽃을 토한다. 예로부터 뱀의 마음은 인간의 사악한 마음이나 나쁜 일이 일어날 것이라며 두려워하는 마음에 반응한다고 한다. 나쁜 마음을 먹고 묘에 접근하는 인간은 죄다 뱀의 먹이가 되고 말았다. 한편, 고대 중국에서는 뱀을 지혜를 나타내는 인류의 시조로 여겼다. 뱀 뼈 노파가 지키는 것은 굉장히 신성한 보물일지도 모른다.

> **MEMO**
> '뱀 뼈 노파(자코츠바바)'는 '자고에몬'이라는 뱀잡이의 처라고 한다. 원래는 '자고바바'인데 발음이 잘못 전해지는 바람에 '자코츠바바'로 불린다는 설도 있다.

제1장 짐승의 모습을 한 요괴

FILE 05
Monsters of the World

검은 구름과 함께 나타난다!

# 누에 (鵺)

[장소] 일본 교토 부근
위험도 ★★★☆☆
요력 ★★★☆☆
레어도 ★★★★★

▼ 원숭이의 머리, 너구리의 몸, 호랑이의 다리, 뱀의 꼬리를 가진 요괴, '누에'. 검은 구름에서 살며, 그 울음소리는 '효~, 효~.' 하고 밤하늘에 불길하게 울려 퍼진다.

제1장　짐승의 모습을 한 요괴

## 불길한 징조를 알려 준다!

헤이안 시대가 끝나갈 무렵의 일이다. 어느 밤, 동쪽 숲에서부터 검은 구름이 피어오르며, 천황의 침소인 청량전(淸凉殿)을 덮쳤다. 검은 구름은 매일 밤 나타났으며 그 속에서 "효~, 효~." 하는 몹시도 불길한 울음소리가 들려왔다. 천황은 물론 귀족들까지 불길한 예감에 매일같이 두려움에 떨었다.

이와 같은 일이 계속되던 어느 날, 천황은 결국 병으로 쓰러지고 말았다. 약도 듣지 않고 기도도 전혀 효과가 없었다. 아무래도 검은 구름 속에 정체를 알 수 없는 요괴가 숨어 있는 듯싶었다. 난감해진 귀족들은 과거에 무장 미나모토노 요시이에(源義家)가 활을 울리게 해 요괴를 쫓아냈던 일을 떠올리고는, 무용이 뛰어난 무장을 경호로 두기로 했다.

▲ 에도 시대의 『요괴 도감』에 그려져 있는 누에

그리하여 활의 명수로 알려진 미나모토노 요리마사(源賴政)에게 그 역할이 주어졌다. 실은 요리마사는 슈텐도지(뿔이 5개, 눈이 15개가 달린 도깨비)나 땅거미 등 헤이안 수도를 어지럽힌 만만찮은 요괴들을 퇴치한 미나모토노 요리미츠의 자손이기도 했다. 요리마사는 요리미츠에게 물려받은 산새 꽁지깃으로 만든 특별한 화살을 가지고, 가신인 이노하야타와 함께 검은 구름이 나타나는 밤을 줄곧 기다렸다. 그리고 여느 때와 같은 시간이 되자, 청량전 상공에 검은 구름이 자욱이 끼었다. 요리마사는 구름 속에서 무언가 요사스러운 것이 움직이는 것을 발견했다. 즉시 구름 속으로 화살을 날리자 반응이 있었다. 화살을 맞았다고 생각한 사람들이 웅성거리며 활기를 띠었다.

▲ 교토의 니죠 공원에 있는 누에의 사당

이윽고 하늘에서 무언가가 떨어져 내렸다. 화살에 맞은 요괴는 원숭이의 머리에 너구리의 몸, 꼬리가 뱀이며 호랑이의 다리를 가지고 있었다. 후에 이 요괴는 '누에'라 불리게 되었다. 누에는 본디 숲에서 우는 호랑지빠귀라는 새로, 울음소리가 불길해 나쁜 일들을 몰고 온다고 생각되었다. 울음소리가 이 누에(호랑지빠귀)와 닮았기에 이 요괴도 누에로 불리게 되었다. 누에의 시체는 교토의 가쓰라 강에서 오사카 만까지 흘러가 효고 현 요시야의 해변에 다다랐다고 전해진다.

사람들은 누에가 원한을 품고 복수를 할까 봐, '누에총'을 만든 뒤 정성을 다해 매장했다.

**MEMO**
교토의 니죠 성 부근에 있는 니죠 공원 안에는 누에의 피를 씻었다고 전해지는 누에 연못 자리가 있고, 누에를 모신 사당이 남아 있다.

제1장 짐승의 모습을 한 요괴

켄타우로스는 그리스 신화에 등장하는 반인반수 종족을 말한다. 인간의 상반신에 말의 하반신을 하고 있으며, 술과 미녀를 좋아하는 난봉꾼이

▲ 켄타우로스가 결혼식에서 소동을 일으키는 모습을 그린 그림

많다고 한다. 인간에게는 우호적이라 나쁜 짓을 하진 않지만, 성격이 난폭해서 축하 자리에 불러서는 안 된다고 한다.

어느 날, 그리스의 테사리아 지방에 사는 라피테스 족의 결혼식에 같은 지역에 살던 켄타우로스 족 몇 명이 초대를 받았다. 그러나 혼례가 진행되는 동안, 포도주에 완전히 취해 버린 켄타우로스 한 명이 아름다운 신부는 물론이거니와 다른 여자까지 납치해 도망쳤다. 그 후, 격렬히 분노한 라피테스 족과 켄타우로스 족 사이에서 전쟁이 일어났으나, 켄타우로스 족의 패배로 막을 내렸다고 한다.

물론 모든 켄타우로스가 거칠고 난폭한 것은 아니다. 그중에는 현명하고 이성적인 이도 있었다. '케이론'이라는 이름의 켄타우로스는 뛰어난 사냥 솜씨뿐만 아니라 높은 의학 지식까지 가지고 있어, 영웅 헤라클레스나 아킬레우스의 교육을 담당했다고 한다.

> **MEMO**
> 케이론은 활을 다루는 데에도 뛰어났기에 12성좌 중 사수자리의 모델이 되었다고 전해진다.

세찬 비바람을 일으키는 뇌운에 '뇌수'라 불리는 요괴가 타고 있다고 한다.
뇌수는 온몸에 털이 나 있고 날카로운 발톱을 가지고 있는데, 그 모습이 족제비나 너구리 등과 비슷하다.

▲뇌수의 미라로 보이는 수수께끼의 유물

천둥이 치면 지상으로 내려가 나무줄기 등에 발톱 자국을 깊게 남기는 일도 있다. 여름이 되면 산의 도처에 구멍이 생기는데, 뇌수는 거기서 얼굴을 내밀고 지그시 하늘을 쳐다본다고 한다. 날씨가 좋은 낮에는 얌전히 있지만, 소나기가 내리면 구름을 타고 하늘을 날며 천둥소리를 낸다. 겨울에는 구멍을 파고 들어가 흙에서 잠들기에 '천년 두더지'라 불리기도 한다. 하늘에서 떨어진 뇌수는 상처를 입을 때도 있는데, 인간이 상처 입은 뇌수를 데려다 키우기도 했다.
에도 시대의 에치고노쿠니(현재의 니이가타 현)에서, 고양이를 닮은 잿빛 뇌수가 낙뢰와 함께 나타났는데, 발에 상처를 입고 있었기에 포획했다는 기록이 남아 있다. 뇌수는 메이지 시대 이후에도 나타나, 메이지 42년에는 도야마 현에서 잡혔다는 기록이 있다.
이때의 뇌수는 앞다리에 박쥐 같은 비막(飛膜)이 있어 날 수 있었다고 한다.

**MEMO**
족제비나 고양이의 모습뿐만 아니라, 털이 난 거미의 모습을 한 뇌수도 있다고 한다. 낙뢰에서 나타난다는 공통점은 있지만, 모습은 다양한 것 같다.

제1장 짐승의 모습을 한 요괴

**거**대한 파리의 모습으로 몇 천 마리의 파리를 거느린 파리의 왕. 그것이 '바알세불'이다. 똥의 왕으로도 불리며, 지옥의 사탄 다음으로 사악하고 강력한 대마왕이라 전해진다. 하지만 바알세불이 처음부터 악마였던 것은 아니다. 본래는 대지에 은총을 베푸는 '바알'이라는 이름의 신이었으나, 그 강력한 힘이 긴 세월 동안 악마의 힘으로 변한 듯하다.

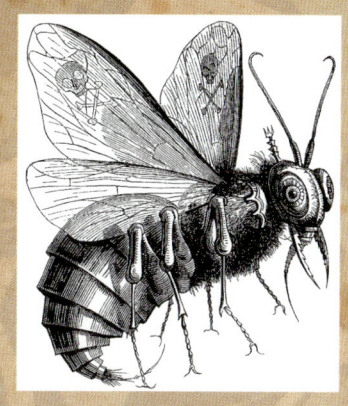

▲『지옥의 사전』이라고 불리는 19세기의 서적에 그려져 있는 바알세불

바알세불은 때로 인간으로 변신하기도 한다. 어느 왕국의 왕이 나라의 운명을 좌우하는 비밀스러운 회담을 하고 있을 때, 한 마리의 파리가 그곳을 날아다니고 있었다. 왕은 파리 따위가 비밀 회담에 끼어들었다는 것이 몹시 불쾌해, 그 파리의 다리를 베었다. 어느 날, 이 왕국과 적대 관계인 옆 나라에 다리가 불편한 남자가 홀연히 나타나 비밀 회담의 내용을 상세하게 이야기했다. 남자의 폭로로 파리의 다리를 베어 낸 왕의 왕국은 그 적국에 공격당해 순식간에 멸망했다고 한다. 사람들은 회담 자리에 있던 파리가 바알세불로, 남자는 바알세불이 변신한 것이라고 믿었다. 16세기에는 프랑스에서 한 소녀가 바알세불에게 홀리고 말았다. 여러 구경꾼들이 지켜보는 가운데 퇴마 의식이 행해졌는데, 바알세불은 도리어 구경꾼들이 범한 죄를 일일이 파헤쳤다고 한다. 물론 바알세불이 인간에게 나쁜 짓만 하는 건 아니다. 농작물에 대한 파리의 피해를 막아 주는 등, 신으로서의 모습이 남아 있기도 하다.

제1장 짐승의 모습을 한 요괴

## FILE 09 Monsters of the World

### 너구리의 유쾌한 보은
# 분부구차가마 (分福茶釜)

◀ 솥으로 변신했다가 본모습으로 돌아가 버린 얼빠진 너구리

**옛** 날, 한 가난한 남자가 덫에 걸린 너구리를 구했다. 그날 밤, 남자의 집으로 너구리가 찾아와 "낮의 일을 보답하고 싶습니다. 제가 솥으로 변신할 테니 그것을 파십시오."라고 제의했다. 너구리 솥은 금방 팔려 나갔다. 하지만 물을 끓이려고 솥에 불을 붙이자 주변의 열기에 엉겁결에 꼬리가 불쑥 튀어나왔다. 정체가 들통 난 너구리는 쏜살같이 절에서 도망쳐 나왔지만, 몸의 반은 여전히 솥 모양이었다. 너구리는 울면서 남자에게 돌아왔다. 그러나 너구리는 기죽지 않고 이번에는 해괴한 모습을 살려 곡예를 시작했다. 그러자 너구리에 대한 소문이 삽시간에 퍼져 나갔고, 너구리를 보러 온 손님들도 나날이 늘었다. 돈을 많이 번 너구리와 남자는 행복하게 살았다고 한다. 이 설화의 뿌리가 된 절이 있는 군마 현 다테바야시 시의 모린 사(寺)에는 아무리 퍼내도 계속해서 뜨거운 물이 솟아 나온다는 솥의 전설이 있다.

[장소] 일본 군마 현
위험도 ★★★★★
요력 ★★★★★
레어도 ★★★★★

## 원한이 쥐로 변하다
# 뎃소
### (鉄鼠)

**헤** 이안 시대, 라이고우 아쟈리라는 뛰어난 스님이 있었다. 아들을 원했던 시라카와 상황(白河上皇, 제72대 천황)은 라이고우의 평판을 듣고 "만일 그대의 기도로 아들을 얻을 수 있다면 뭐든지 원하는 상을 내리겠다."고 약속했다. 그 후, 라이고우의 필사적인 기도로 시라카와 상황은 무사히 아이를 얻게 되었다.

그러나 상황은 라이고우의 소원을 들어주기는커녕 모른 척했다. 라이고우는 상황을 원망하며 "왕자를 길동무로 삼아 마계에 가겠다."는 말을 남기고 죽어 버렸다.

라이고우의 말대로 어린 왕자는 병에 걸려 명을 달리했다. 그러고도 라이고우의 원한은 풀리지 않아, 결국 큰 쥐로 변한 뒤 쥐 떼를 이끌고 나타나 절의 불경이나 불상을 먹어 치워 버렸다고 한다.

[장소] 일본 군마 현
위험도 ★★★☆☆
요력 ★★★★☆
레어도 ★★★☆☆

### 저승의 입구를 지키는 파수꾼
# 케르베로스
## (Kerberos)

[장소] 그리스
위험도 ★★★★★
요력 ★★★★☆
레어도 ★★★☆☆

**케**르베로스는 그리스 신화에 등장하는 지옥의 파수꾼이다. 개치고는 꽤나 큰 몸집에 3개의 머리와 뱀의 갈기, 그리고 용의 꼬리를 가지고 있다. 케르베로스의 역할은 타르타로스라는 지옥으로 살아 있는 자가 잘못 들어오거나 죽은 자가 도망치지 못하도록 출입구인 문을 지키는 것이다. 케르베로스의 3개의 머리는 각각 다른 방향을 감시하며, 좀처럼 잠드는 일도 없다. 게다가 성격이 매우 난폭하여 일단 탈주자를 발견하면 그 영혼을 찢어 버린다.

▲ 고대 그리스의 항아리에 그려져 있는 영웅 헤라클레스와 케르베로스

케르베로스는 본래 그리스 신화에서 괴물의 왕으로 불리는 '티폰'과 상반신은 여성, 하반신은 뱀의 모습을 하고 있는 여괴 '에키드나' 사이에서 태어났다고 한다. 전설 중에는 영웅 헤라클레스가 미케네의 왕에게 케르베로스를 데려오라는 명을 받고는, 맨손으로 싸웠다는 에피소드도 있다. 헤라클레스는 양팔로 케르베로스의 머리를 조르며 등의 뱀이 물고 늘어져도 결코 놓아주지 않았다. 그 괴력에 항복한 케르베로스는 지상으로 끌려 올라가면서 고통으로 침을 뚝뚝 흘렸고, 그 흩뿌려진 침은 주변의 초목을 맹독성인 투구꽃으로 변하게 했다고 한다.

> **MEMO**
> 사실 케르베로스는 달달한 과자와 아름다운 음악을 좋아한다고 한다. 가끔 이런 데 정신이 팔려 산 자가 지옥 문을 통과하는 것을 놓칠 때도 있다.

## FILE 12 Monsters of the World

### 말을 눈엣가시로 여기다
# 그리핀
## (Griffon)

**그** 리스 어로 '굽어진 부리'를 의미하는 그리프스라는 단어에서 그 이름을 따온 '그리핀'은 새의 상반신과 사자의 하반신을 가진 환상의 동물이다. 유럽 전역에 널리 알려져 있으며, 기원은 중동이나 인도라고 하나 확실하진 않다.

그리핀은 황금을 지키는데, 그것을 노리고 쳐들어오는 욕심 많은 인간들을 날카로운 부리로 찢어 버린다.

그리스에서 그리핀은 신의 전차를 끄는 역할을 맡고 있다고 한다. 이 때문에 역시 전차를 끄는 역할을 맡은 말을 눈엣가시로 여겨 말을 발견하면 덮쳐서 먹어 치운다. 그러므로 그리핀 앞에는 절대로 말을 두어서는 안 된다.

[장소] 유럽
위험도 ★★★★☆
요력 ★★★☆☆
레어도 ★★☆☆☆

# FILE 13 Monsters of the World

## 사람들에게 지혜를 준 악마
# 부엘 (Buer)

제1장 짐승의 모습을 한 요리

유럽에는 『그리모어』라는 마법의 비밀이 기록된 책이 있다고 한다. 그 그리모어 중에 악마나 성좌를 관장하는 정령에 대하여 기술한 『레메게톤』이라는 서적이 있다. '부엘'은 그중 악마에 관해 기록한 '고에티아(게티아라고 하기도 한다)'에 등장하는 악마이다. 고에티아는 고대 이스라엘의 솔로몬 왕이 거느렸던 악마들의 특성이나 이들을 부리는 주술 방법을 적은 책이다.

고에티아에 의하면 부엘은 지옥에서 50마리의 악마로 이루어진 군단을 거느리고 있다고 한다. 사자의 머리 주위에 다리가 달린 매우 괴상한 모습이지만, 약학, 철학에 능통하고 매우 현명하여 인간에게 쓸모 있는 여러 지혜를 가르쳐 주었다고도 한다.

[장소] 유럽
위험도 ★★★★★
요력 ★★★★☆
레어도 ★★★★★

## 미

노타우로스는 한번 들어가면 두 번 다시 나올 수 없다는 미궁 '라비린토스'의 심연에 봉인된 난폭한 괴물이다. 소의 머리에 사람의 몸을 하고 있으며 성장하지 않은 소년과 소녀들을 주로 식량으로 삼았다.

이 괴물은 어떻게 탄생했을까? 고대 그리스에서 크레타 섬을 다스리던 미노스 왕은 해신 포세이돈에게 빌린 소를 돌려주지 않았다. 이에 분노한 포세이돈은 미노스 왕의 왕비에게 저주를 걸어 소의 아이를 낳게 했다. 아테네는 이렇게 태어난 미노타우로스에게 9년에 한 번씩 소년과 소녀들을 공물로 크레타 섬으로 보냈다. 그때, 용감한 젊은이 테세우스가 미노타우로스를 쓰러뜨리기 위해 스스로 산제물이 되어 라비린토스에 잠입했다. 그리고 사투 끝에 마침내 미노타우로스를 쓰러뜨리는 데 성공했다. 미노스 왕의 딸 아리아드네의 조언대로, 가지고 있던 실뭉치의 실 끝을 입구의 문에 동여매 둔 덕에 테세우스는 돌아올 때 그 실을 따라 나와 미궁을 탈출할 수 있었다고 한다.

▲라비린토스의 모델이라고 전해지는 크노소스 궁전

제1장 짐승의 모습을 한 요괴

### MEMO

'라비린토스'는 크레타 섬에 실제로 존재하는 크노소스 궁전을 가리킨다고 한다. 미노타우로스도 정말 존재했을까?

**구린내가 나고 불결한 새요괴**

# 하르피이아
## (Harpy)

하르피이아는 얼굴부터 가슴까지가 여인, 하반신은 날개가 달린 새의 모습을 한 괴조이다. 본디 회오리바람의 정령이었기에 공중을 가르듯 날쌔게 비행할 수 있다.

하르피이아는 식욕이 왕성해 먹이를 발견하면 굉장한 기세로 날아와 난폭하게 먹어 치운다. 게다가 대변까지 아무데나 싸지르고는 떠난다. 이 때문에 언제나 불쾌한 냄새가 난다. 더욱이 발톱은 더러운 세균투성이로, 한 번 잡히면 잡힌 부분부터 피부가 썩어 들어가거나 병에 걸리는 매우 불결한 요괴다. 모르고 접근했다가 똥에 맞게 되는 일도 있으니 주의가 필요하다.

[장소] 그리스
위험도 ★★★☆☆
요력 ★★☆☆☆
레어도 ★★★☆☆

# FILE 16 Monsters of the World

**피를 찾아 떠도는 흡혈조**

## 나뱌치

▲ 새까만 몸에 송곳니가 나 있는 기분 나쁜 아기의 얼굴을 하고 있어, 보는 사람들은 공포에 질려 부들부들 떨게 된다.

제1장 짐승의 모습을 한 요괴

**바** 스락바스락, 갑자기 밤하늘의 정적을 깨며 날개 치는 소리가 난다. 잠시 귀를 기울이고 있으면 "나~부부, 나~부부." 하고 우는 소리가 들린다. 마치 아기가 우는 소리 같기도 하다. 이게 바로 불가리아에 전해져 오는 요괴 '나뱌치'가 우는 소리다. 나뱌치는 세례를 받지 못한 채 죽은 아이의 영혼이 변한 것으로, 까마귀의 몸에 아기의 얼굴을 하고 있다. 어머니에게 젖을 조르러 오거나 염소나 소 같은 가축이나 임산부의 피를 빠는 흡혈조이기도 하다. 나뱌치에게 피를 빨린 이는 원인 모를 병으로 죽기에 사람들에게는 두려움의 대상이 되고 있다.

[장소] 불가리아
위험도 ★★★★☆
요력 ★★★☆☆
레어도 ★★★☆☆

# 변신 너구리들의 전투!
# 아와 너구리 전투

너구리는 예로부터 사람을 홀리는 요력을 가진 동물로 알려져 있다. 특히 시코쿠 지방에 너구리 전설이 많은데, 너구리가 많은 덕에 여우 요괴가 한 마리도 없다고 한다. 그런 너구리들에 의해 천하를 판가름하는 전쟁이 벌어졌다는 놀라운 전설이 도쿠시마 현 고마츠 시에서 전해져 내려오고 있다.

에도 시대가 막 시작되었을 무렵의 일이다. 야마토야라고 하는 염색집 곳간 옆에 큰 구멍이 뚫려 있었다. 그 구멍에는 큰 너구리 요괴가 살고 있었는데, 가게에서 일하던 이들은 종종 "뜨거운 물을 부어서 너구리탕을 끓일까?"라고 말하곤 했다. 하지만 모에몬이라는 젊은이는 "죄가 없는 생명을 죽여서는 안 된다."며 매일 먹을 것을 가져다주었다.

그러자 이상하게도 그 후에 야마토야는 크게 번창하게 되었다. 염색 주문이 밀려들어 온 것이다. 모에몬은 이 모든 것이 구멍에 살고 있는 너구리 덕택이라고 생각해, 매일 맛있는 것을 가져다주었다.

▶ 너구리 전투를 소재로 한 책의 삽화

그러던 어느 날, 구멍에 살던 너구리가 인간으로 변하여 감사 인사를 하러 왔다. 너구리는 '긴쵸우(金長)'라고 자신을 소개하며 지금까지 입은 은혜를 갚기 위해 앞으로도 자자손손 야마토야를 지키겠다고 약속했다.

모에몬은 이를 듣고 긴쵸우를 위해 사당을 지었다. 긴쵸우는 사당을 받은 데에 대한 감사 인사로 너구리 요괴의 총대장으로부터 자격을 부여받아 이 주변 일대를 평화로이 다스리겠다고 결심했다.

요괴 너구리가 자격을 부여받기 위해서는 총대장인 로쿠에몬 너구리 곁에서 일을 해야만 한다. 긴쵸우는 로쿠에몬이 있는 곳으로 가 일을 시작해, 급속도로 성과를 올렸다.

'이 녀석은 굉장한 재능을 가진 너구리다. 사위로 삼아야지!'

긴쵸우의 능력에 감탄한 로쿠에몬은 긴쵸우를 야마토야로 돌려보내는 것이 아까워졌다. 그러나 긴쵸우는 로쿠에몬의 제안을 단호히 거절했다.

긴쵸우의 건방진 태도에 분노한 로쿠에몬은 긴쵸우를 죽이기로 결심하고는 밤에 가신을 소집하여 급습했다. 위험한 순간, 긴쵸우는 운 좋게 빠져나왔으나 그 때문에 친우인 타카 너구리는 명을 달리하고 말았다.

긴쵸우는 크게 분노했다.

'이 무슨 비겁한 짓인가.

▶ 도쿠시마 현 고마쓰시마 시의 '너구리 광장'에 있는 거대한 긴쵸우 너구리상

반드시 이 원통함을 풀고야 말겠다.'

긴쵸우는 로쿠에몬과 전면전 벌이기로 결심했다.

긴쵸우는 일단 야마토야로 돌아가 은인인 모에몬에게 이별을 고했다.

그리고 주변의 너구리 요괴들을 모아 로쿠에몬의 대군과 맞섰다.

가쓰우라 강을 사이에 두고 긴쵸우군과 로쿠에몬군이 대치했다.

시코쿠 내의 너구리가 집결하여 전대미문의 너구리 전쟁이 시작되었다.

격렬한 전투 중 수많은 너구리가 명을 달리했다. 마지막 순간 아나칸몬으로 쳐들어간 긴쵸우가 마침내 우두머리인 로쿠에몬의 숨통을 물고 늘어져 그 목을 취했다. 그러나 긴쵸우도 부상이 심하여 동료들과 함께 숲으로 돌아가던 도중 숨을 거두고 말았다.

도쿠시마 현 내에는 지금도 긴쵸우와 로쿠에몬은 물론 너구리 전투에 참가한 유명한 너구리들을 모신 사당이 남아 있다. 우리 인간이 모르는 곳에서 요괴들도 버라이어티한 삶을 살고 있는 것이다.

◀ 긴쵸우 너구리를 모신 도쿠시마 현 고마쓰시마 시의 긴쵸우 신사

# 거대한 요괴

## 제2장

산처럼 큰 몸집과
두려우리만큼 강한 요력.
도저히 맞설 수 없는
강력한 요괴들이 있다.

마음 착한 힘센 거인

# 다이다라봇치

[장소] 일본 각지
위험도 ★★★★★
요력 ★★★★☆
레어도 ★★☆☆☆

**다** 이다라봇치는 일본 전역에 전설이 남아 있는 거인 요괴다. '데에데에보우'나 '다이다라보우' 등 여러 이름으로 불리기도 한다. 일본 각지에는 이 요괴가 산을 만들었다거나 무심코 넘어질 때 닿았던 발자국이 호수나 연못이 되었다는 등의 전설이 남아 있으며, 후지산도 다이다라봇치가 흙을 쌓아 올려 만들었다고 전해진다. 후지산을 만들기 위한 흙은 시가 현 주변에서 모아 왔으며, 그때 흙을 파낸 흔적이 비와 호수가 되었다고 한다. 그 외에도 '다이타'나 '다이타쿠보' 등의 지명은 다이다라봇치가 남긴 발자국으로 생겼음을 의미한다. 다이다라봇치와 같은 거인의 전설은 예로부터 여러 장소에서 전해져 오고 있다. 그중 대부분은 주로 거인 크기가 지형에 미친 영향에 대한 것이라, 거인들이 사람에게 해를 입히는 존재는 아니었던 듯하다. 사람이 거대한 발에 밟혔다는 이야기는 알려져 있지 않다. 나가사키 현 미나미시마바라 시에 전해지는 '미소고로'라는 이름의 거인 전설에서는 거인이 인간과 사이좋게 살았다고 한다. 폭풍이 치던 어느 날, 미소고로는 위험을 무릅쓰고 큰 파도에 휩쓸린 어선을 항구까지 끌고 돌아왔고 사람들은 미소고로에게 무척 고마워했다고 한다. 미나미시마바라 시에서는 지금도 매년 '미소고로 축제'가 열리고 있다.

제2장 거대한 요괴

▲이바라키 현의 오오구시 패총(貝塚)에 있는 다이다라봇치의 상

▶술을 마셔 얼굴과 몸이 시뻘개진 슈텐도지. 소년 시절에는 절에서 부처님을 섬겼으며, 눈이 번쩍 뜨일 정도의 미소년이었다고도 하나, 귀신이 되어서는 무시무시하게 바꼈다.

[장소] 일본 교토
위험도 ★★★★★
요력 ★★★★★
레어도 ★★★★★

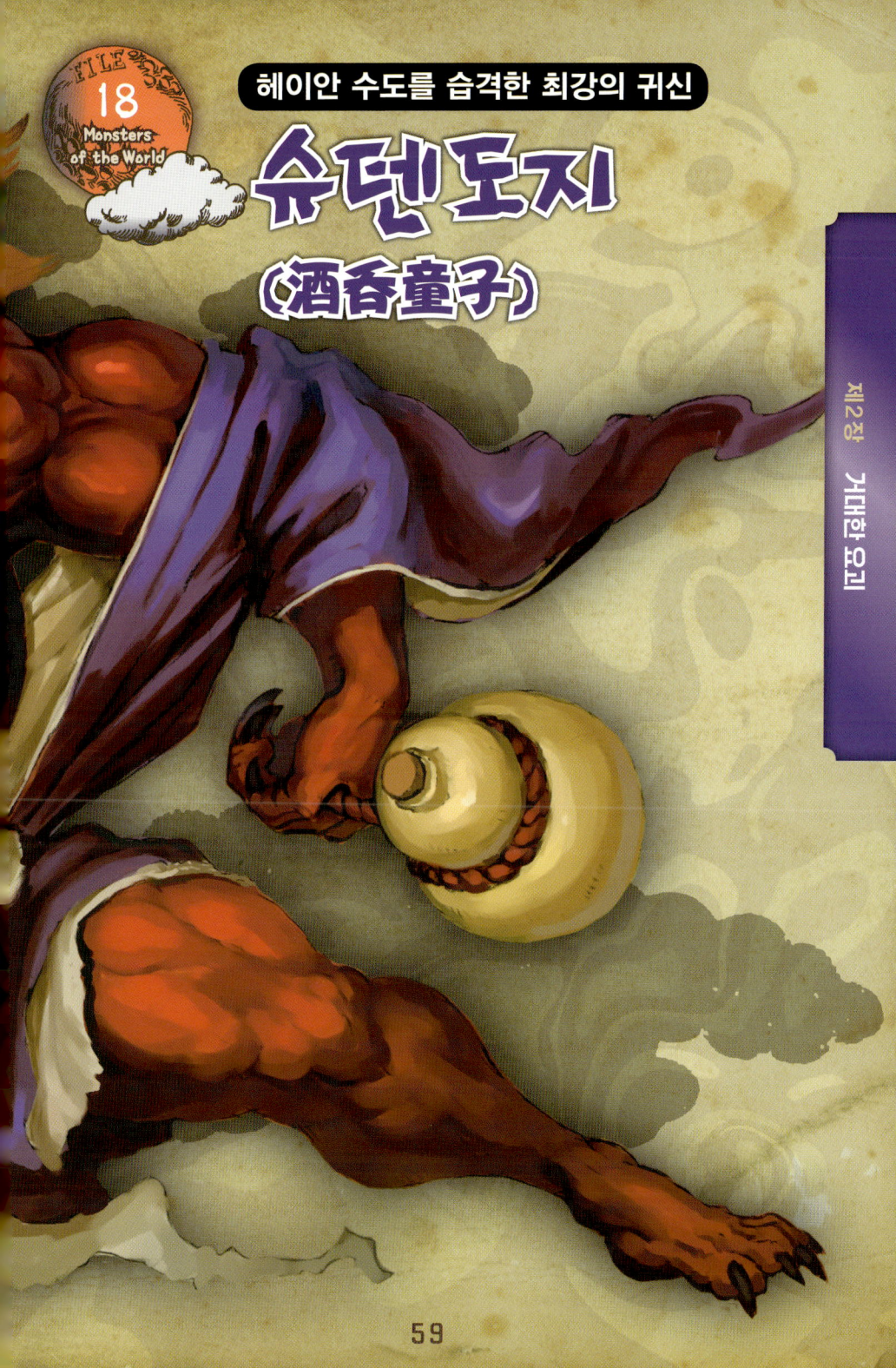

## 인간을 잡아먹는 두려운 귀신!

슈텐도지는 교토 단바의 오오에 산을 본거지로 삼았던, 요괴 역사상 최강이라고도 불릴 정도로 막강했던 귀신이다. 술을 매우 좋아하고 강력한 귀신들을 부하로 거느렸으며 도시를 어지럽히고 다녔다고 한다. 헤이안 시대, 교토에는 남녀를 가리지 않고 젊은이가 차례로 행방불명되었다가 살해당하는 사건이 일어났다. 음양사인 아베노 세이메이의 점으로 슈텐도지와 그 무리의 짓이라는 게 밝혀졌다. 조정은 미나모토노 요리미츠(源賴光)와 그 부하들에게 명하여 슈텐도지 퇴치에 나서도록 했다.

오오에 산을 찾은 요리미츠 일행은 산속에서 한 노인과 마주쳤다. 노인은 무사의 모습으로는 귀신에게 접근할 수 없다며 '신편귀독주(神便鬼毒酒)'라는 귀신의 몸을 마비시킬 수 있는 독이 든 술을 요리미츠 일행에게 주었다. 노인은 사실 구마노 신이 변신한 것이었다. 요리미츠는 그 술을 챙겨 길을 잃고 헤매는 여행객인 척 행세하다 슈텐도지의 본거지로 들어서는 데 성공했다.

▲ 슈텐도지가 살았던 '귀신의 동굴'

귀신들은 연회를 열어 요리미츠 일행을 환대했다. 독주를 마시고 곤드레만드레가 된 슈텐도지는 이내 곯아떨어졌다. 지금이 기회였기에 요리미츠 일행은 짐 속에 숨겨

◀ 슈텐도지와 격렬하게 맞서 싸우는 요리미츠 일행

두었던 투구와 갑옷을 입고, 슈텐도지에게 덤벼들어 그 목을 베었다. 그러나 역시 최강의 요괴. 슈텐도지는 목만 남은 채로 "우리 귀신은 거짓을 말하지 않건만, 네놈들은 잘도 이 몸을 속였구나!"라고 격렬한 분노를 터뜨리며 달려들어 요리미츠의 투구를 물고 늘어졌다. 요리미츠 일행이 그 양쪽 눈을 도려내자, 마침내 슈텐도지의 목이 그 자리에 툭 떨어졌다고 한다.

이 슈텐도지 외에도 사람들을 공포에 떨게 한 귀신들은 여럿 있다. 귀신은 대부분 힘이 세며 사람을 잡아먹는 등 두려운 존재였다. 귀신이 등장하는 옛 이야기 중 가장 유명한 것은 '모모타로'다. 오카야마 현 키비 지방에는 '모모타로' 이야기의 뿌리가 된 '우라'라는 귀신 전설이 있다. 사람들을 겁에 질리게 하고 난폭하게 날뛰던 우라는 조정에서 파견한 키비츠 히코메미코토에게 퇴치되었다. 그 후, 우라의 목은 키비쓰 신사의 솥단지 밑에 묻혔다. 지금도 키비쓰 신사에서는 솥이 우는 소리로 길흉을 점치는 '솥 울음 제사'를 행하고 있으며, 이것은 우라의 신음이라고 전해지고 있다.

◀용은 요괴 중에서도 신에 근접한 존재이다. 강대한 힘을 가지고 있으며, 손에 쥔 구슬은 어떠한 소원이라도 이루어 줄 수 있다고 한다.

제2장 거대한 요괴

## 은혜를 베푸는 전설의 요괴

중국 전설에 등장하는 '용'은 하늘을 자유로이 날아다니며, 한 번 울기만 해도 비를 내리게 한다는 신수(神獸)다. 낙타의 머리에 사슴의 뿔이 달렸으며, 눈은 토끼, 몸은 뱀, 잉어의 비늘에 매와 비슷한 발톱을 가지고 있다고 한다.

▲봄을 축하하는 축제에서도 용은 빠뜨릴 수 없는 고마운 존재였다.

봄이 되면 물에서 하늘로 올라가, 천둥을 울리며 은혜로운 비를 내린다. 가을에는 다시금 깊은 물속에 가라앉아 잠에 든다고 한다. 중국에서 용은 인간에게 해를 끼치는 악한 존재가 아닌, 그 강대한 힘으로 대지에 은혜를 내리는 위대한 존재였다. 이 때문에 나라를 다스리는 황제의 상징이 되기도 했다. 음력 2월 2일에는 '춘용절'이라는 봄을 축하하는 축제가 열린다.

▲고대 중국의 백과사전에 그려져 있는 용의 한 종류

'용이 머리를 들어 올리는 날'이라는 의미를 가진 이 행사는 다음 전설과 관련이 있다. 옛날 인간들이 전쟁만 거듭하는 것을 한탄한 신은 용에게 3년 동안 비를 내리지 못하게 했다. 그러나 이를 가여이 여긴 용은 신의 명령에 반하여 비를 내리고야 말았다. 분노한 신은 용을 산에 가뒀다. 지상에 나올 수 있는 것은 '금의 콩이 꽃을 피울 때'뿐. 사람들은 어떻게든 용을 돕고

싫었으나 금으로 만든 콩이 어떤 것인지 아무도 알지 못했다.

어느 날, 한 장사꾼이 금으로 만든 콩을 팔고 있다는 소식이 들렸다. 금으로 만든 콩은 바로 옥수수였다. 옥수수는 볶으면 꽃이 피는 것처럼 벌어진다.

"금 콩의 꽃이 이거였구나!' 사람들은 볶은 옥수수를 가지고 산으로 향했다.

▲ 서양의 드래곤은 날개가 달린 경우가 많다.

그러자 용은 산에서 빠져나와, 머리를 쳐들고 하늘로 춤추며 올라갔다고 전해진다. 물을 지배하는 신수로서 용의 전설은 중국만이 아니라 일본이나 그 외 아시아 지역에서도 전해지고 있다. 한편 유럽에는 도마뱀이나 뱀의 특징을 가진 '드래곤'이 있다. 드래곤은 중국의 용과는 달리 흉포하고 힘이 세며 불꽃이나 독이 든 숨을 토해 사람들을 괴롭히는 무척 두려운 괴물이다. 개중에는 높은 지능을 가진 것도 있었으며, 힘을 상징하는 왕가의 문장으로 쓰이기도 했다.

> **MEMO**
> 용의 턱 밑에는 딱 1장만 반대로 돋아나 있는 비늘이 있다. 이 비늘을 '역린'이라고 한다. 경솔하게 손댄 이들은 용에게 찢겨 죽임을 당한다.

9개의 머리를 가지고 있으며 몸 전체에 맹독을 품은 거대한 뱀 괴물이 바로 '히드라'다. 이 머리들은 베어 떨어뜨려도 곧 새로운 머리가 둘 이상 돋아나는데다 중앙에 있는

▲ 히드라와 싸우는 헤라클레스(왼쪽)의 그림

머리 하나는 불사신이라고 한다. 언제나 독이 서린 숨을 토하고 있어, 히드라가 사는 늪에는 어떤 생물도 접근할 수 없다.

그리스 신화의 영웅 헤라클레스는 이 히드라에게 도전하여 멋지게 승리를 쟁취했다. 헤라클레스의 작전은 이러했다.

먼저 히드라가 사는 곳에 불화살을 날려 히드라를 끌어냈다. 헤라클레스는 머리를 차례차례 베어 내고, 함께 있던 이올라오스가 그 베인 자리를 횃불로 지졌다. 그리하여 계속하여 머리가 재생되는 것을 막자, 마침내 최후의 머리만이 남았다. 헤라클레스는 그 머리를 베어 내어 거대한 바위로 뭉개 없앴다고 한다.

히드라는 피에도 맹독이 있어, 헤라클레스는 히드라의 피를 화살에 묻혀 독화살을 만들어 사용했다. 그러나 그 뒤, 속임수에 의해 히드라의 독이 스며든 옷을 입는 바람에 헤라클레스 자신도 명을 달리하고 말았다.

**MEMO**
켄타우로스인 케이론은 불사신의 몸을 가지고 있었지만 히드라의 독화살에 맞아 고통스러운 나머지 제우스에게 죽여 달라고 했다.

거미 요괴가 사람을 습격한다!

# 땅거미 (土蜘蛛)

▼새끼 거미들을 수족처럼 부리며, 살아 있는 인간이나 인간의 시체를 먹고 살아가는 땅거미. 그 뱃속에는 해골이 가득 들어 있다.

제2장 **거대한 요괴**

[장소] 일본 교토
위험도 ★★★★★
요력 ★★★★★
레어도 ★★★★★

## 뱃속에 막 잘라 낸 목이 우수수!

1200년 전인 헤이안 시대에 활약했던 무장 미나모토노 요리미츠는 요괴 퇴치 전문가로 알려져 있다. 요리미츠가 쓰러뜨렸다고 전해지는 요괴로는 '슈텐도지'와 이 '땅거미'가 유명하다. 둘 다 매우 강력하고 공포스러운 요괴였다.

미나모토노 요리미츠는 부하인 와타나베노 쓰나와 교토의 북쪽에 있는 렌다이 들판으로 가고 있었다. 당시에는 사람이 죽으면 시신을 렌다이 들판으로 운반한 뒤 그곳에 버렸다고 한다. 이 때문에 렌다이 들판은 무척 스산하고 섬뜩한 분위기가 감도는 장소였다.

요리미츠 일행은 그곳에서 해골이 허공을 나는 모습을 목격했다. '저건 뭐지?' 하고 의심스럽게 생각한 요리미츠가 해골이 가는 방향으로 쫓아가자, 이윽고 낡은 집 한 채가 나타났다. 집에는 한 노파가 있었는데, "나는 여기서 290년을 살았으나, 동료들은 모두 요괴에게 당하여 죽고 말았습니다."라고 요리미츠에게 호소했다. 이 부근에 두려운 마물이 숨어 있음을 요리미츠 일행은 직감했다. 시간이 지나 어둠이 깔리자, 셀 수 없을 정도로 많은 요괴들이 쏟아져 나왔다. 요리미츠 일행이 요괴들을 대적하는 동안 날이 밝았는데, 이번에는 아름다운 여인이 나타났다. 그녀가 눈을 현혹시키는 주술을 사용하자, 요리미츠가 여인을 베려고 달려갔다. 그 순간 여자는

▲땅거미가 살았던 가쓰라기 산

▲땅거미의 뱃속에서 셀 수 없이 많은 수의 해골이 굴러 나오고 있다.

홀연히 사라지고 그 뒤에는 하얀 피 같은 흔적만이 남았다. 피의 흔적을 쫓아간 요리미츠 일행은 산 속 동굴에 도착했다. 동굴 안에는 거대한 요괴 거미가 눈을 번쩍번쩍 빛내고 있었다. 요리미츠는 요괴를 끌어내어 마침내 목을 쳤다. 거미의 뱃속에서는 1,990구의 해골과 수많은 새끼 거미들이 마구잡이로 쏟아져 나왔다고 한다. 사실 이 땅거미는 기원전 660년인 진무 천황(神武天皇, 일본의 초대 천황) 시대에는 인간의 모습을 했던 종족이라고 한다. 현재 나라 현과 오사카 사이의 경계에 위치한 가쓰라기 산 부근의 바위굴에서 살았으며, 키가 작은 데 비해 손발은 길고 꼬리가 달렸다고 한다. 이 땅거미족은 조정에 복종하지 않았기에 진무 천황에 의해 멸족당했다. 요리미츠가 만난 괴물은 죽은 땅거미족의 원념이 쌓여 태어난 요괴는 아니었을까?

> **MEMO**
> 미나모토노 요리미츠에게는 4명의 부하가 있었는데, '사천왕(四天王)'이라고 불린 이들은 무용(武勇)이 매우 뛰어났다고 한다. 그중 1명인 사카타노 긴토키는, 설화 '긴타로'의 모델이기도 하다.

제2장 거대한 요괴

## 키

클롭스는 그리스 신화에 등장하는 외눈박이 거인이다. 이들은 원래 하늘의 신 우라노스와 대지의 여신 가이아 사이에서 태어난 아르게스(Arges), 스테로페스(Steropes), 브론테스(Brontes)라는 세 형제였다. 생김새가 너무나도 보기 흉했던 탓에 아버지인 우라노스에게 미움받아 지옥의 가장 깊은 곳에 있는 타르타로스(Tartaros)에 봉인당했다. 그때, 역시 생김새가 추악하다는 이유로 50개의 머리와 백여 개의 손을 가진 '헤카톤케이르(Hecatoncheires)', 거인족인 '기간테스(Gigantes)'도 함께 타르타로스에 갇혔다.

그리스 신화의 주신 제우스는 고대의 신 티탄들과 싸울 때 이들 거인족을 타르타로스에서 구해 냈다. 키클롭스는 이에 대한 감사의 표시로 제우스에게 무기와 방어구를 만들어 주었다. 제우스에게는 '뇌정(격렬한 천둥)', 해신 포세이돈에게는 '트라이던트(Trident, 세 갈래로 갈라진 작살)', 명계의 신 하데스에게는 머리에 쓰면 모습이 보이지 않는 '은신 투구'를 제각기 보냈다고 한다. 키클롭스는 본디 인간에게 해악을 끼치는 거인이 아니다. 그러나 개중에는 난폭한 자들도 있어, 여행객을 덮쳐 잡아먹기도 했다. 괴력이 있으나 지혜롭지는 않은 탓에 눈을 공격하거나 함정을 만들어 덫을 놓으면 인간들도 맞설 수 있었다.

▲신화에 묘사되어 있는 키클롭스

제2장 거대한 오리

FILE 23
Monsters of the World

얼굴을 보면 돌이 된다!

# 고르곤
## (Gorgon)

[장소] 그리스
위험도 ★★★★★
요력 ★★★☆☆
레어도 ★★★★☆

**고**대 그리스 어로 '두려운 것'을 의미하는 '고르곤'은 그리스의 신 포르큐스와 바다에 사는 거대한 괴수 케토 사이에서 태어난 3명의 자매다. 머리카락은 살아 있는 뱀이 무수히 돋아난 형태이며, 그 얼굴을 한 번이라도 본 자는 바로 돌이 되어 버린다고 한다. 고르곤을 퇴치하러 나선 이들은 무수히 많았으나 그 누구도 살아 돌아오지 못했다. 제우스와 인간 사이에서 태어난 반신(半神)의 영웅 페르세우스는 고르곤 세 자매 중 하나인 메두사의 목을 베어 오라는 명을 받고 땅 끝에 있다는 고르곤의 거처를 찾아 여행에 나선다. 페르세우스가 고르곤이 있는 곳에 도착했을 때, 괴물들은 잠들어 있었다. 페르세우스는 청동 방패에 비친 그림자를 보며 조용히 접근하여 메두사의 머리를 베는 데 성공했다. 그러나 그 순간, 목이 베인 자리에서 날카로운 소리가 터져 나와 남은 두 고르곤이 눈을 뜨고 말았다. 하지만 페르세우스는 헤르메스 신에게서 받은 '은신 투구(하데스의 투구)'를 쓰고 있었기에 발각되지 않았고, 하늘을 날 수 있는 신발로 그곳에서 도망칠 수 있었다.

> **MEMO**
> 고르곤의 머리는 잘린 후에도 그 마력이 쇠하지 않아 눈이 마주치면 돌이 됨으로 주의해야 한다.

제2장 거대한 요괴

▲고대 로마 시대에 만들어진 메두사의 부조. 부적으로 사용되었다.

FILE 24 Monsters of the World

### 대지를 떠받치는 거대한 동물

# 바하무트
## (Bahamut)

[장소] 중동
위험도 ★★★☆☆
요력 ★★★★★
레어도 ★★★★★

**바** 하무트는 아라비아 지방에 전해지는 거대한 마수로 이 세계를 지탱하고 있다고 한다. 얼굴은 하마나 코뿔소와 닮아 있으며 몸은 물고기이다. 콧구멍 안에 바다를 두어도 사막의 모래알 정도의 크기밖에 안 된다고 한다.

바하무트 아래에는 바다, 공기의 갈라진 틈, 그리고 불이 있는데, 가장 밑에 입 안에 6개의 지옥을 가지고 있는 거대한 뱀이 길게 누워 있다고 한다. 바하무트는 언제나 눈부신 빛으로 감싸여 있어 사람의 눈으로는 볼 수 없다. 그러나 단 한 명, 바하무트를 목격했다는 사람이 있다. 그가 바로 예수 그리스도다. 아라비아 지방의 전설을 정리한 『천일야화(千一夜話)』에 의하면, 이사(예수 그리스도)가 신의 가르침을 전하기 위한 여행을 하던 어느 날, 엄청난 스피드로 지나쳐 가는 바하무트를 보았다고 한다. 그 엄청난 크기에 놀란 이사는 정신을 잃고 그 자리에 쓰러졌다. 3일 후에 겨우 의식을 되찾았으나 바하무트는 아직도 그 장소를 지나쳐 가던 중이었다고 한다. 바하무트는 '베헤모스'라는 유대의 괴물에서 유래되었다고도 한다. 세계가 끝날 때, '리바이어던'이라는 바다의 요괴와 죽을 때까지 싸워야만 하는 운명을 타고나, 어느 쪽이든 이긴 쪽은 살아남은 사람들의 식량이 된다고 한다.

▲베헤모스. 탐욕스러운 악마다.

제2장 거대한 요괴

유대교의 성직자인 '랍비'는 한때 다양한 마술을 자유자재로 구사할 수 있었다고 한다. 그중에는 거대한 진흙 인형에게 생명을 불어넣어 조종하는 '골렘'의 비술도 포함되어 있었다.

16세기, 체코의 프라하에 살던 랍비 레후는 사람들을 구하기 위하여 골렘을 만들기로 했다. 먼저 몰다우 강에서 운반해 온 흙으로 진흙 인형을 만들고 주문을 외웠다. 그리고 인형의 입안에 신의 이름을 적은 종이를 물리자, 단순한 흙덩어리에 지나지 않았던 것에 생명이 머물러 주인의 명령을 충실히 따르는 골렘이 되었다고 한다. 골렘을 만들 때에는 지켜야 할 약속이 하나 있다. 그것은 유대교의 안식일에 골렘을 움직여서는 안 된다는 것이다. 랍비 레후는 안식일 전에는 언제나 골렘을 단순한 진흙 인형으로 돌려놓았다. 그러던 어느 날, 그는 골렘을 진흙 인형으로 돌려놓는 것을 깜빡 잊고는 그대로 외출했다. 제어 불능에 빠진 골렘은 흉포한 괴물이 되어 거리로 나가 마구 날뛰었다. 시민들에게서 연락을 받은 랍비 레후가 골렘이 있는 곳으로 급히 달려와 입에서 종이를 빼내자 골렘은 산산이 부서지더니 단순한 흙으로 돌아갔다고 한다.

▲ 이 다락방에 골렘의 흙이 숨겨져 있다.

제2장 거대한 요괴

**MEMO**

랍비 레후가 만들었다는 골렘의 흙은 지금도 프라하의 '시나고그(예배당)'라고 불리는 유대의 교회 다락방에 있다고 한다.

▼ 고대 중국의 형천. 들을 수 있는 귀가 없어, 오로지 공격만 해 오는 전투 타입의 요괴이다. 가까이 다가가는 건 꽤나 위험하다.

**도끼를 휘두르는 목이 없는 거인**

# 형천 (刑天)

[장소] 중국
위험도 ★★★★☆
요력 ★★★☆☆
레어도 ★★☆☆☆

**형**천은 중국 전설에 등장하는 목이 없는 기묘한 모습을 한 거인이다. 옛날 형천은 고대 중국의 최고신인 천제와 세계를 지배하는 신의 자리를 두고 전쟁을 벌였다. 격렬한 전투 끝에 천제의 검이 형천의 목을 베어 떨어뜨렸다. 땅에 떨어진 형천의 목은 전쟁의 무대가 된 상양산 땅에 묻혔다. 그러나 형천의 생명력과 집념은 실로 가공할 만했다. 목이 베어져 몸만 남은 상태에서도 살아남은 것이다. 그리하여 젖꼭지 부분을 눈으로 삼고 배꼽은 큰 입이 되어 몸통에 얼굴이 생겨난 형태가 되었다. 그리하여 형천은 천제에 대한 복수를 다짐하며 도끼와 방패를 휘두르며 난폭하게 날뛰는 괴물이 되었다. 고대 그리스나 이집트에도 머리가 없고 몸체에 얼굴이 붙어 있는 거인에 대한 전설이 있다. 거인은 '브렘뮤아에' 혹은 '아케파로이'라고 불렸으며, 아시아에서 아프리카에 이르기까지 광범위하게 살고 있었다고 전해진다. 원래는 사형이나 뜻밖의 사고로 억울한 죽음을 당한 이가 이런 모습이 되어 다시 태어난다고 하는데, 사람들에게 해를 끼치는 사악한 존재로 알려졌다. 다만 이집트에 살고 있던 것은 키가 3m를 넘었는데, 전신이 황금색으로 빛나 우주의 신이라고도 불렸다.

▲몸체에 얼굴이 있는 거인족 '아케파로이'

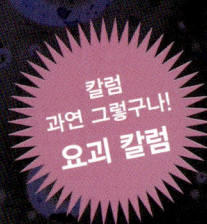

## 현대의 요괴 첫 번째
# 테케테케

아무도 없는 학교. 이상한 느낌이 들어 창문을 올려다보니 여자아이가 창틀에 팔꿈치를 괸 채 이쪽을 바라보고 있다. '이런 시간에 누구지?' 하고 생각하자마자 여자아이가 갑자기 히죽 웃더니, 창에서 몸을 앞으로 쑥 기울였다! 다음 순간 눈에 들어온 광경은 팔꿈치를 사용해 상반신만 나를 향해 달려오는 무시무시한 모습이었다!

학교에 나타나는 요괴 괴담으로 알려진 상반신만 있는 요괴가 바로 '테케테케'다. 달리는 속도가 시속 100km를 넘는데 테케테케에게 붙잡히면 다리를 잘리거나 하반신을 빼앗긴다고 한다. 다만 속도가 빠른 탓에 갑자기 방향을 바꾸지 못하므로 만일 쫓기게 된다면 벽에 붙어 몸을 숨기는 것이 좋다. 테케테케는 이 이야기를 들은 사람에게 나타난다고 하니, 공연히 소문을 퍼뜨리지 않도록 하자.

◀논에서 나타나는 상반신만 있는 요괴 '도로타보(泥田坊)'. 테케테케의 정체는 이 도로타보일까?

# 사람의 모습을 한 요괴

## 제 3 장

그 정체는 인간일까?
혹은 어둠이 낳은 것일까?
사람의 모습으로 나타나는
요괴들의 목적은 과연?

**FILE 27** — Monsters of the World

사람의 생피를 빠는

# 뱀파이어
## (Vampire)

[장소] 루마니아
위험도 ★★★★★
요력 ★★★★☆
레어도 ★★★☆☆

## 제3장 사람의 모습을 한 요괴

**한** 번 죽은 인간이 사람의 생피를 빠는 흡혈귀가 되어 되살아난 괴물이 '뱀파이어'다. 낯빛은 창백한데 피를 빠는 순간만 어렴풋이 혈색이 돈다고 한다. 동유럽, 루마니아의 트란실바니아 지방에 자주 나타난다.

죽은 인간이 뱀파이어가 되려면 몇 가지 조건이 있다. 죽은 후에 장례식이 대강 치러질 것, 시신의 위를 고양이나 늑대, 까치 등의 동물이 뛰어넘는 것 등이다.

▲흡혈귀 드라큘라가 사는 성이 된 루마니아의 브란 성

한편, 살아 있으면서도 뱀파이어의 자질을 갖춘 사람도 있다. 어머니가 임신한 동안, 흡혈귀의 사안(邪眼, 사악한 눈)에 응시당하거나 저주를 받으면 그 아이는 뱀파이어가 된다고 한다. 뱀파이어가 된 아이는 태어날 때부터 머리카락이 풍성하고 이가 전부 나 있다. 뱀파이어를 격퇴하기 위해서는 그들이 관 속에서 잠드는 낮에 사냥하는 게 좋다고 한다. 심장에 그을린 쇠 말뚝을 박거나 햇빛이 비치는 곳까지 유인해 내거나, 혹은 불을 붙여 태워 버리는 게 확실하다. 뱀파이어를 막기 위해 십자가나 마늘을 사용하는 방법도 있다고는 하나, 실제로 효과는 없는 듯하다.

> **MEMO**
> 수박이나 호박을 수확하는 것을 잊고 크리스마스가 지난 후까지 밭에 방치하면 뱀파이어로 변해 버린다는 전설이 있다.

보면 볼수록 커진다
# 넘보기 행자
## (미코시뉴도)

[장소] 일본 각지
위험도 ★★★★☆
요력 ★★★★☆
레어도 ★★★★☆

## 넘

보기 행자는 '넘보기', '발돋움' 등으로도 불리며, 일본 전역에 여러 형태의 구전(口傳)으로 남아 있다. 해질녘이나 밤길에 홀로 걷고 있으면 갑자기 스님의 모습을 한 요괴가 나타나는데, 올려다보면 볼수록 점점 모습이 커진다. 점점 커지는 넘보기 행자를 계속 보기 위해 자리에 주저앉아 버리면 그대로 목을 물고 늘어져 죽임을 당한다. 만일 넘보기 행자와 마주친다면 머리에서 발끝으로 시선을 낮추고는 "넘보기 행자, 너머로 봤다."고 외치는 게 좋다. 나가사키 현의 이키 지방에 나타났다는 넘보기 행자는, 길을 걷고 있으면 머리 위에서 와삭와삭하고 조릿대를 흔드는 듯한 소리를 냈다고 한다. 살기 위해서는 조릿대 소리가 들리면 바로 "넘보기 행자 너머로 봤다!"고 말해야 한다.

에도 시대의 삽화가 들어간 책에 그려져 있는 넘보기 행자는 목이 굉장히 긴데, 마치 늘어나는 목(로쿠로쿠비, 102쪽)의 남성형 같은 모습이다. 그 당당한 모습 덕에 요괴들의 우두머리로 종종 등장하기도 했다.

제3장 사람의 모습을 한 요괴

> **MEMO**
> 에도 시대의 그림책에는, 넘보기 행자가 늘어나는 목과 함께 등장해, 긴 목을 구부린 뒤 거기에 가면을 붙여서 인간으로 변장하는 그림도 있다.

▲늘어나는 목(왼쪽)과 변장한 넘보기 행자(오른쪽)

**마**녀는 인간이기를 포기하고 악마와 계약하여 불가사의한 힘을 손에 넣은 여자 마법사를 말한다. 숲에 살며 정체 모를 비약을 만들고, 사람들을 저주해 병에 걸리게 하거나 재앙을 부른다. 또는 불길한 예언을 해 상대를 죽음에 이르게 하는 일도 있다.

▲사바스(Sabbath)에는 마녀와 악마들이 모여든다.

마녀가 되기 위해서는 먼저 악마를 불러야 한다. 악마가 나타나면 자신의 혼을 악마에게 맡기며 두꺼비 등의 공물을 바친다. 악마는 마녀가 되고 싶다고 지원한 여인의 눈썹에 손톱으로 보통 사람의 눈에는 보이지 않는 악마의 문장을 새긴다.

이리하여 악마에게 인정받은 마녀는 십자가를 걷어차고 악마를 찬양하는 노래를 부르는 등, 신을 바보 취급하는 행동을 하여 악마를 기쁘게 한다. 마녀의 집회는 '사바스(Sabbath)'라고 불리는데, 토요일 밤에 열린다고 한다.

한편, 이런 나쁜 마녀만 있는 것은 아니다. 마녀 중에선 성스러운 힘으로 사람에게 도움을 주는 '백마녀'도 있다. 백마녀는 곤란에 빠진 사람의 고민을 듣고 점을 쳐주거나 치료 마법으로 병이나 부상을 낫게 하는 등 좋은 일을 하여 사람들로부터 존경이나 사랑을 받았다.

> **MEMO**
> 마녀는 검은 고양이나 까마귀를 키워 자신의 수하로 삼는다고 한다. 검은 고양이나 까마귀는 어둠 속으로 모습을 감출 수 있기에 특별한 힘이 있다고 믿었다.

## 외

눈박이 동자승은 이름 그대로 눈이 하나밖에 없는 요괴다. 산속을 헤메다 어쩌다 인기척 하나 없는 황폐한 절에 들어가면, 작은 어린아이의 모습을 한 스님이 나타나 차를 주며 대접해 준다. 그러나 그 차를 마셔서는 안 된다. 말의 소변이기 때문이다. 번쩍 정신이 들어 동자승의 얼굴을 보니 얼굴 한가운데 커다란 눈이 한 개뿐……. 짓궂은 장난을 좋아하는 외눈박이 동자승이 사람을 놀린 것이다. 외눈박이

▲동자승이 아니라 아저씨의 모습을 한 '외눈박이 스님'도 있다.

동자승은 사람에게 해를 끼치는 것이 아니라 이런 사소하고 짓궂은 장난만을 종종 친다고 한다. 오카야마 현에 있는 어느 장소에는 밤길에 갑자기 나타난 외눈박이 동자승 때문에 놀라 자빠진 사람의 얼굴을 그 긴 혀로 핥는 사건이 종종 발생했다고 한다. 또 어떤 무사의 저택에서는 도코노마(한쪽 바닥을 한층 높여 만든 곳으로 족자나 화병 등을 장식해 두는 곳)에 걸어 둔 족자를 계속 올렸다 내리면서 저택 사람들을 골탕 먹였다. 관동 지방에는 음력 12월 8일이나 2월 8일, '사팔일(事八日)'에 산에서 외눈박이 동자승이 내려온다고 전해진다. 외눈박이 동자승는 눈이 많이 붙어 있는 것을 싫어하니, 이날은 그물 모양의 소쿠리를 장대 끝에 매달아 집 앞에 세워 두면 좋다.

> **MEMO**
> 외눈박이 동자승의 모습은 히에이 산에 있다는 한쪽 눈과 한쪽 다리만 있는 요괴에서 유래되었다고 한다.

**밝**은 빛이 주변을 비추는 만월의 밤, 그때까지 보통 사람이었던 한 남자에게 이변이 일어난다. 얼굴과 손, 그리고 온몸에 뻣뻣하고 단단한 털이 돋아나고, 목소리를 내려고 해도 목이 막힌 듯 고통스럽다. 겨우 새어 나온 목소리는 마치 늑대의 울음소리 같다.

'늑대 인간'은 동유럽을 중심으로 출몰한, 반은 사람이고 반은 늑대인 요괴다.

일단 늑대 인간으로 변신하면 인간이었을 때를 잊어버리고 사람이나 가축을 습격하거나, 묻힌 지 얼마 되지 않은 무덤을 파헤쳐 시체를 게걸스레 먹어 치운다. 늑대 인간인 동안에는 죽지 않는다고 하며, 그 털가죽은 어떤 무기라도 퉁겨 낼 정도로 강력하다고 한다. 다만 한 가지, 은으로 만든 십자가를 녹여 굳힌 탄환만이 가죽을 꿰뚫을 수 있다. 늑대 인간은 달이 숨으면 인간으로 돌아오는데, 늑대 인간이었을 때의 기억은 완전히 사라지기 때문에 정체를 알아내는 건 무척 힘들다.

이런 수인(獸人)이 생긴 이유는 제대로 밝혀진 바가 없다. 고대 그리스의 학자 헤로도토스가 기술한 역사서에 의하면 기원전 6세기경에 동유럽에 살았던 네우로이 인은 1년에 한 번, 늑대로 변신하던 종족이라고 한다. 늑대 인간은 혹시 그들의 후손이지 않을까?

제3장 사람의 모습을 한 요괴

▲늑대 인간이 그려진 고대 로마 시대의 항아리

## 32 Monsters of the World

**손바닥 눈알로 쫓아간다**

# 손바닥 눈
### (테노메)

**교**

토의 시치죠카와라라고 하는 곳에 괴물이 나온다고 하는 소문이 있었다. 근처에 살던 한 청년이 담력을 시험하러 갔는데, 갑자기 키가 약 2.4m에 달하는 노인의 모습을 한 요괴가 나타났다. 그 손바닥에는 부릅뜬 눈알이 붙어 있었는데, 청년을 보자마자 엄청난 속도로 쫓아오기 시작했다. 기겁한 젊은이는 가까운 절로 뛰어들어가 큰 궤짝 안에 몸을 숨겼다. 절의 승려도 요괴를 보고 두려운 나머지 잠시 몸을 숨겼다. 시간이 흘러 요괴의 기척을 느낄 수 없자, 승려는 밖으로 나와 궤짝 안을 보았다. 그곳에는 청년이 아닌 뼈도 살도 없는 가죽만이 남아 있었다고 한다. 일설에는 눈이 보이지 않는 사람이 악당에게 살해당해, 그 원한으로 요괴가 되었다고 한다.

[장소] 일본 교토
위험도 ★★★★☆
요력 ★★★★☆
레어도 ★★☆☆☆

FILE 33
Monsters of the World

## 하나의 몸에 2개의 머리

# 이러지도 저러지도
### (도모코모)

◀ 2명의 의사가 이러지도 저러지도 못하는 승부 끝에 이러한 기묘한 모습의 요괴가 되어 버렸다고 한다.

제3장 사람의 모습을 한 요괴

이런 옛 이야기가 있다. 어떤 곳에 '이러지도'와 '저러지도'라는 2명의 명의가 있었다. 어느 날, 어느 쪽이 일본 최고인지 승부를 가리기로 했다. 먼저 서로 상대의 팔을 자르고, 각각 원래대로 이어 붙여 치료하기로 했다.

모두 훌륭한 솜씨였기에 승부가 나지 않았다. 이번에는 상대의 머리를 각각 차례대로 자른 후 도로 이어 붙이기로 했으나 이 역시 무승부였다. 그리하여 마지막으로 동시에 서로의 머리를 잘라, 어느 쪽이 더 빨리 수술을 할 수 있는지 경쟁하기로 했다. 그러나 동시에 머리를 잘랐기에 이어 붙일 사람이 없었다. 그리하여 두 사람은 그대로 죽어 버렸고, 그 원통함으로 요괴가 되었다고 한다.

[장소] 일본
위험도 ★★★★★
요력 ★★★★★
레어도 ★★★★★

FILE 34 Monsters of the World

아름답고 두려운 여자 요괴

# 설녀
## (雪女)

## 눈보라가 치는 밤에 나타난다!

심한 눈보라가 치는 밤, 한 노인과 젊은 나무꾼이 강가에 있는 오두막집에서 하룻밤을 지내게 되었다. 으슬으슬하게 추워진 한밤중, 갑자기 차가운 기척에 눈을 뜬 젊은이는 아름다운 여인이 오두막 안에 있는 것을 깨달았다. 새하얀 기모노를 입은 여인은 노인에게 가까이 다가가 후욱 하고 하얀 안개와도 같은 차가운 숨을 내뿜었다. 젊은이는 이 모습을

▲에도 시대의 『요괴 도감』에 그려진 설녀

보고 공포에 질린 나머지 몸을 꼼짝할 수 없었다. 여인은 떨고 있는 젊은이에게 다가와 "당신은 아직 젊으니까 못 본 걸로 해 드리겠습니다. 그러나 이 일을 누군가에게 말하면 나는 당신을 죽이겠어요."라고 말하고는 사라져 버렸다. 다음날 아침, 노인은 꽁꽁 얼어 죽어 있었다. 그로부터 1년이 흐른 어느 겨울밤, 젊은이에게 유달리 피부가 희고 아름다운 소녀가 나타났다. 젊은이와 소녀는 한눈에 서로 이끌려 결혼 약속을 했다. 소녀는 젊은이의 신부가 되었고 둘은 모두 10명의 아이를 얻었다. 아이들은 전부 피부가 희고 아름다웠다고 한다. 그리고 시간이 어느 정도 흘렀을 무렵, 갑자기 젊은이는 그 눈보라가 치던 밤에 만난 설녀가 생각나, 처에게 이야기하기 시작했다. 그러자 처의 표정이

순식간에 달라졌다. 무서운 얼굴로 "그 여자가 저예요. 누구에게도 말해서는 안 된다고 했건만." 하고 남편인 젊은이를 노려보았다. "아이들만 없었다면 지금 당장 당신을 죽였을 것입니다. 아무쪼록 저 대신 아이들을 잘 키워 주십시오."라고 말하고는, 흰 아지랑이로 변하여 사라져 버렸다.

▲설녀가 나타났다고 하는 도쿄 오메 시의 강변

▲백분 노파는 술을 구하러 마을로 찾아온다.

눈이 많이 내리는 지방에서 설녀의 전설이 전해지고 있다. 아오모리 현에서는 마주친 사람에게 아기를 안아 달라고 하는 '우부메'와 비슷한 설녀가 나타났다고 한다. 또 이런 이야기도 있다. 모르는 미녀가 자신을 쫓아오자. 남자는 그 여인에게 씻으라며 목욕탕으로 데리고 갔다. 하지만 여인은 좀처럼 들어가려 하지 않았다. 억지로 집어넣자 고드름만을 남기고 사라져 버렸다.

설녀의 정체는 눈이나 고드름의 정령일까? 눈 오는 날에 나타나는 여자 요괴는 대체로 아름다운 설녀라고 생각하기 쉽지만, 그렇지 않은 것도 있다. 눈이 내리는 밤에 술병을 가지고 나타나는 '백분 노파(오시로이바바)'는 얼굴 한쪽에만 흰 분을 바른 추악한 노파의 모습이다.

**MEMO**
메이지 시대의 작가 고이즈미 야쿠모가 『괴담』에 수록한 유명한 설녀 이야기는, 원래 현재의 도쿄 오메 시 부근에 전해져 오는 이야기를 원형으로 한 것이라고 한다.

**도** 로타보는 논의 진흙에서 나타나는 요괴다. 옛날, 북국에 성실한 노인이 있었다. 이 노인은 얼마 안 되는 논을 손에 넣은 뒤, 아이들이나 곧 태어날 손자들을 위해 더위에도 추위에도 비가 내려도 쉬지 않고 열심히 논을 일궜다.

그러나 노인의 외동아들은 꽤나 게으름뱅이였기에 노인의 뒤를 이으려고 하지 않았다. 결국 노인은 과로로 숨을 거두었지만, 아들은 남겨진 논을 경작해야 할 때에도 매일같이 술을 마시며 놀러 다니기만 했다. 노인이 정성을 쏟아 경작한 논도 팔아 치워 술값으로 없앨 정도였다.

논을 산 사람은 잘 손질된 훌륭한 논을 손에 넣었다고 만족스러워했지만 그것도 잠깐. 얼마 안 가 밤마다 논에서 요괴가 나타났다. 요괴는 허리 밑으로는 진흙 속에 파묻혀 있고, 몸은 검으며 얼굴에는 눈이 하나밖에 없었다고 한다. 요괴는 몸의 털이 곤두설 정도로 무서운 목소리로 "논을 돌려줘, 논을 돌려줘!" 라고 아우성쳤기에, 사람들은 이를 꺼림칙하게 여겨 이 논에 가까이 가지 않았다. 이 요괴는 '도로타보'라 불리는데 노인의 원통함이 요괴로 변한 것으로 알려졌다.

▲「금석백귀습유(今昔百鬼拾遺/도리야마 세키엔의 화집)」에 그려진 도로타보

늘어나는 목은 낮에는 평범한 인간이지만 밤이 되면 머리가 몇십 미터나 늘어나는 요괴다. 밤중에 다른 사람의 집에 몰래 들어가 등불의 기름을 할짝할짝 핥거나 긴 목을 자고

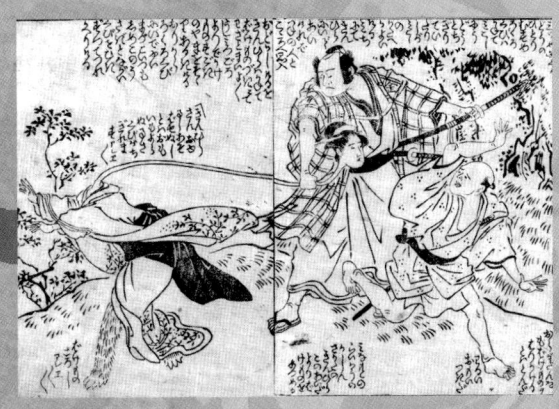

▲ 에도 시대의 그림책에 그려져 있는 늘어나는 목

있는 사람에게 휘감아 그대로 목을 졸라 죽이기도 한다. 몸과 머리가 이어져 있는 채로 목만이 꿈틀꿈틀 고무처럼 늘어나거나, 자고 있는 사이에 머리만이 쑥 빠져나와 날아다니는 '빠져나온 목'도 있다. 이 요괴는 밤길을 걷고 있는 사람을 덮쳐 그 생피를 빤다고 한다. 빠져나온 목이 몸에서 떨어져 나온 사이에 몸을 숨겨 버리면 원래대로 돌아가지 못하고 죽는다. 빠져나온 목은 잠든 사람의 혼이 긴 목의 모습으로 몸에서 빠져나온 것으로, 주로 여인들이 걸리는 특이한 병이었다. 중국 전설에도 '비두만'이라는 '빠져나온 목'과 비슷한 요괴에 대한 이야기가 전해진다. 비두만은 남쪽 지방에 살고 있으며 밤이 되면 머리가 몸에서 떨어져 나와 날아다닌다. 귀를 날개처럼 사용해 날아다니며 곤충을 잡아먹지만, 아침이 되면 돌아간다고 한다.

> **MEMO**
> 사이가 나쁜 3명의 무사가 서로의 목을 베어 원령으로 변한 '춤추는 목'이라는 요괴도 있다. 춤추는 목은 요괴가 되어서도 서로에게 욕을 퍼부으며 으르렁댄다고 한다.

# FILE 37
## Monsters of the World

### 움직이는 시체이자 흡혈 요괴
# 강시

◀ 강시의 움직임을 봉하기 위해선 이마에 부적을 붙이는 것이 효과가 있다.

**중**국에서는 천 년이 지나도 썩지 않은 시체가 밤이 되면 돌아다니며 사람을 덮치는 '강시'가 된다고 전해진다.

강시는 낮에는 말라 비틀어진 시체로 보이지만 밤이 되면 생기를 되찾아 살집이 생긴다.

강시의 식량은 사람의 생피다. 살아 있는 사람의 목을 비틀어 끊어 내어 피를 마시는 잔인한 식인 요괴이다.

강시가 된 시체는 세월이 흐르면 신통력을 손에 넣어 하늘을 날 수 있다. 게다가 힘이 강력해져 가뭄을 일으켜 식물을 시들게 하거나 입에서 불꽃을 내뿜는 거대한 개로 변신할 수도 있다.

[장소] 중국
위험도 ★★★★★
요력 ★★★★★
레어도 ★★★★★

FILE 38 Monsters of the World

## 저주에 조종되는 인간
# 좀비
### (Zombie)

제3장 사람의 모습을 한 요괴

**좀**비는 무덤에 묻힌 시신이나 무언가의 충격으로 가사 상태에 빠진 사람이 주술의 힘으로 되살아나 조종당하는 인형처럼 된 것을 말한다. 서아프리카에 기원을 둔 부두교의 주술사들은 살아 있는 인간을 좀비로 변하게 하는 '좀비 파우더'라는 가루를 가지고 있었다. 그 재료가 되는 것은 말린 두꺼비나 도마뱀, 독이 있는 식물의 씨앗, 그리고 복어의 독 등이다. 좀비 파우더를 상처 입은 곳에 바르거나 속아서 먹으면 몸은 가사 상태가 된다. 그 후, 의식을 행하고 새로운 약을 주면, 주술사가 말하는 대로 움직이는 '살아 있는 시체'가 완성되는 것이다. 이렇게 만들어진 좀비는 의식 없이, 단지 말하는 대로 영원히 움직이는 노예가 된다.

[장소] 서아프리카, 아이티
위험도 ★★★★★
요력 ★★★★★
레어도 ★★★☆☆

## 거꾸로 뒤집힌 채 쫓아오는 인간

# 아샨티
### (Ashanti)

아샨티는 중앙아프리카 정글에 나타난다는 괴인(怪人)이다. 양손과 양발이 거꾸로 붙어 있으며, 얼굴의 위아래도 완전히 반대 방향이다. 밤이 되면 민가 근처에 나타나 "휴~, 휴~." 하고 기분 나쁜 소리를 내어 사람을 꾀어낸다고 한다.

아샨티는 유인해 낸 사람을 속박하고는 3개의 질문을 던진다. 굉장히 쉬운 질문이지만 경솔히 대답하면 그 자리에서 갑자기 손발이 거꾸로 교체되며 혼을 빼앗겨 버린다. 아샨티의 질문에는 전부 거꾸로 대답해야만 한다.

[장소] 중앙아프리카
위험도 ★★☆☆☆
요력 ★★★★☆
레어도 ★★★☆☆

### 빨간 모자에 다리는 하나

# 사시페레레
## (Saci-Perere)

▶ 파이프를 문 채 회오리바람을 타고 나타나는 쾌활한 요정이다.

**사** 시페레레는 브라질 남부에 사는 외다리 난쟁이다. 붉은 모자를 쓰고 파이프를 물고 있으며, 회오리바람을 타고 나타나 깡충거리며 뛰듯이 걷는다. 밤중에 "불을 빌려줘."라며 문을 두드리거나 소의 꼬리를 묶어 두는 등 장난을 치긴 하지만 사람에게 해를 끼치는 일은 거의 없다. 좋은 일이 일어나기 전이나, 반대로 나쁜 일이 일어날 것 같으면 나무 위에서 예언을 해 주기도 한다. 요정의 한 종류이며, 일본에 있는 좌부동자(자시키와라시. 어린아이의 모습으로 오래된 집 마루에 출몰하는 정령)와 같은 존재라고 전해진다.

[장소] 브라질
위험도 ★★★★★
요력 ★★★★★
레어도 ★★★★★

제3장 사람의 모습을 한 요괴

**칼럼 과연 그렇구나! 요괴 칼럼**

## 현대의 요괴 두 번째
# 입 찢어진 여자

학교에서 돌아가는 길, 어둑해진 길을 혼자서 걷고 있는데, 빨간 코트를 입은 여자가 다가와 "나 예뻐?" 하고 묻는다. 입을 마스크로 감추고 있지만, 드러난 눈을 보면 빈틈없이 화장을 했다. "네." 하고 대답하면 여자는 갑자기 마스크를 벗어던지고 "이래도냐!" 하고 외친다. 마스크로 숨긴 것은 귀까지 찢어진 커다란 입. 대답을 못하면 들고 있던 낫으로 얼굴을 찢어 버린다.

'입 찢어진 여자'는 성형 수술에 실패해 그 원한으로 괴물이 된 여자 요괴다. 1979년에 처음 나타났으며, 일본 전국으로 그 소문이 퍼져나갔다. 마주친 사람에게 "나 예뻐?" 하고 묻고는 바로 덮치는 흉폭한 요괴다. 만일 만나면, "포마드!" 하고 외치거나 사탕을 던지면 도망친다고 한다. 입 찢어진 여자뿐만 아니라, 어두운 길은 요괴와 마주치기 쉽다. 혼자서 길을 걸을 때는 조심하는 게 좋다.

『백귀야행회권』에 그려진 입이 찢어진 여자 요괴. 입이 찢어진 여자는 옛날부터 있었나 보다.

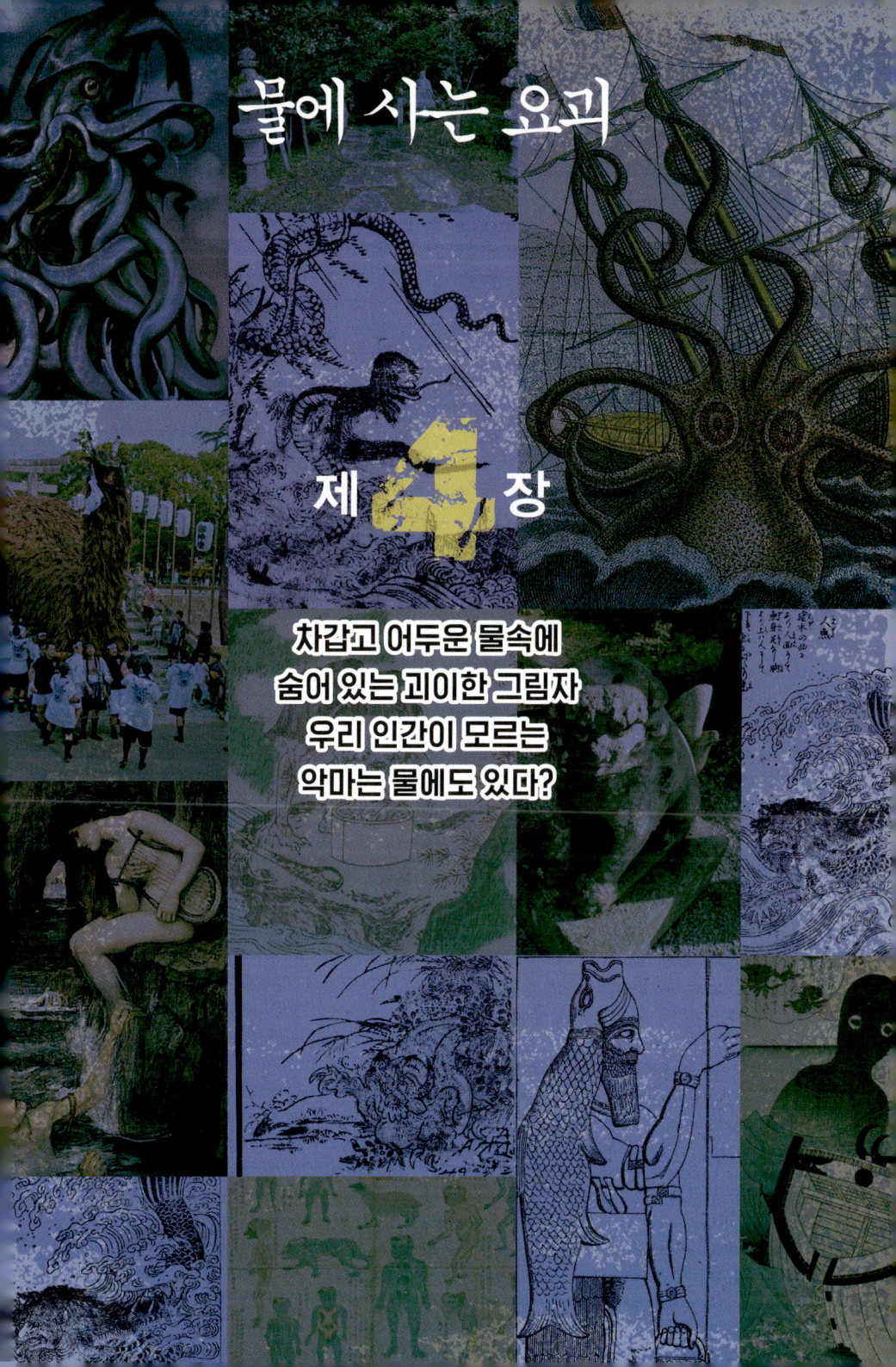

# 물에 사는 요괴

## 제 4 장

차갑고 어두운 물속에
숨어 있는 괴이한 그림자
우리 인간이 모르는
악마는 물에도 있다?

## 전 세계 바다에서 목격되는
# 인어

[장소] 세계 각지
위험도 ★★★★★
요력 ★★★★★
레어도 ★★★★★

## 제4장 물에 사는 요괴

◀ 상반신은 인간, 하반신은 물고기이며 뱃길을 방해하는 불길한 바다의 마물. 아름다운 모습에 넋을 놓고 있다가는 바다로 끌려 들어간다.

# 불로불사를 선사하는 마물

바위 위에 걸터앉아 긴 머리카락을 빗어 내리며 청아한 목소리로 노래 부르는 '인어'. 그 음색과 모습이 몹시 아름다워 마음을 빼앗긴 선원들은 스스로 바다에 뛰어들어 명을 달리하고 만다.
유럽의 인어는 상반신은 젊고 아름다운 여성이며 하반신은 물고기의 모습을 하고 있는 경우가 많아, 일반적으로 '머메이드(Mermaid)'라고 불린다. 남자

▲ 세이렌(오른쪽)을 그린 회화

인어는 '머맨(Merman)'이라고 불리는데, 폭풍을 불러 배를 침몰시키기도 한다. 그리스 신화에 등장하는 '세이렌'은 바다의 괴물로, 2개의 꼬리가 있는 인어의 모습을 하고 있다. 마력을 가진 노래로 인간을 바다로 유혹하여 물에 빠져 죽게 하는 탓에, '바다의 악마'라고 불렸다. 세이렌에게는 자신의 노래를 듣고도 살아남은 인간이 있을 때에는 스스로 목숨을 끊어야 하는 불문율이 있다. 한번은 노래를 듣는 동안 배의 돛대에 몸을 묶어 놓아 목숨을 건진 인간이 있었다. 세이렌은 이 사실을 알고 몸을 던져 죽었다고 한다.
한편, 일본에서 전해지는 인어는 머리만 사람이고 목부터 그 아래는 전부 물고기인 기분 나쁜 모습을 한 경우가 많다. 일본에서는 인어의 고기를 먹으면 영원한 삶을 누릴 수 있다는 전설이 있다. 지금까지 인어의 고기를 실제로 먹었다고 전해지는 사람은 한 사람뿐이다.
옛날 와카사노구니(현재의 후쿠이 현)의 해변에 기묘한 물고기가 밀려왔다.

▲ 일본의 『요괴 도감』에 그려져 있는 인어

▲ 팔백 비구니가 마지막에 기거했다고 알려진 동굴

꽤나 큰 물고기였는데 얼굴이 마치 사람 같았다. 머리카락도 나 있었다고 한다. 어부들은 "이게 바로 소문으로만 듣던 인어구나!"라며 마을 장로의 집으로 운반해 잔치를 벌였다. 인어의 고기는 매우 맛있다는 말이 있었기에, 토막을 내어 연회에 내놓았으나 사람의 얼굴이 붙어 있었던 탓에 아무도 그 고기에 손을 댈 수가 없었다. 결국 각자 집으로 가져가 버리기로 했다. 그러나 한 집의 딸이 무심코 고기를 먹어 버렸다. 그녀는 그 뒤로 결코 나이를 먹지 않았고, 몇 십 년이 지나도 젊은 모습 그대로였다. 이를 수상히 여긴 마을 사람들의 시선을 견디지 못한 그녀는 비구니가 되어 전국을 떠돌게 되었다. 그렇게 그녀는 약 800년 동안 계속해서 살았다. 이 소녀는 훗날 '팔백 비구니'라 불리게 되었고, 일본 각지에는 그녀의 흔적이 남은 장소가 있다.

제4장 물에 사는 요괴

**MEMO**

바다에서 인어를 보면 나쁜 일이 일어날 전조라고 한다. 다만 그 반대로 재난을 피해 갈 수 있는 좋은 징조라는 말도 있다.

◀ 갓파의 살갗이나 등딱지는 물과 비슷한 색을 하고 있다. 머리 그릇에는 물이 고여 있는데, 물이 마르면 힘을 쓸 수 없다고 한다.

제4장 물에 사는 요괴

## 장난을 좋아하며 우호적이다

'갓파'는 일본 전역의 강이나 못 등, 물에서 나타나는 요괴다. 부르는 이름에는 여러 가지가 있어, '가와코조', '가와타로' 등 강과 관련된 이름 외에도 '메도치', '세코', '오싯코사마' 등 변형된 이름도 있다.

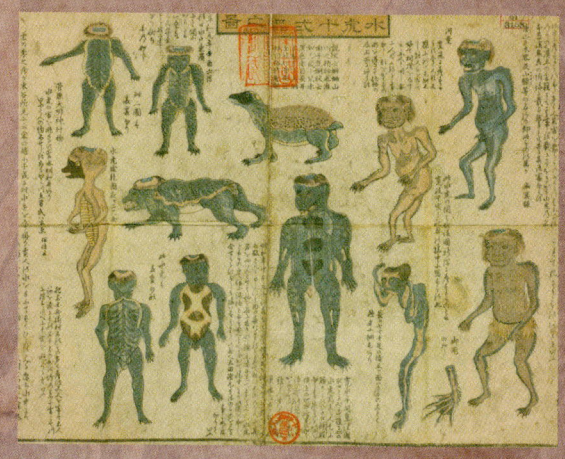
▲ 갓파에는 여러 종류가 있다.

갓파는 사람이나 말을 물속으로 끌어 들이는 습성이 있다. 대부분은 말을 끌어 들이려다 실패한 뒤 사람에게 발각되어 두 번 다시 장난치지 않겠다고 사과하고 돌아간다.

하지만 만약 갓파가 사람을 잡아당기면 갓파의 힘을 이기지 못해 물에 빠져 죽을 수도 있으니 주의해야 한다.

갓파가 좋아하는 것에는 오이가 있다. 일본 몇몇 지역에서는 첫 수확한 오이를 갓파에게 바쳐 수해를 막는 풍습이 있었다. 지방에 따라서는 오이가 아니라 가지를 바치기도 한다.

갓파는 인간의 엉덩이 근처에 있는 '엉덩이 구슬'도 좋아한다고 한다. 엉덩이 구슬뿐만 아니라 엉덩이 그 자체, 특히 여성의 엉덩이를 좋아해 화장실에 숨어 있다가 여성의 엉덩이를 쓰다듬는 갓파도 있다.

그리고 갓파는 스모를 좋아한다. 인간과 마주치면 무턱대고 스모를 하자고 조른다. 한 번이라도 상대해 주면 계속해서 다른 갓파가 나타나

난리가 난다고 한다. 이때, 갓파의 팔을 섣불리 잡아당기면 반대쪽 팔이 줄어들면서 잡아당긴 쪽 팔이 늘어난다. 갓파는 양쪽 팔이 이어져 있기에, 잘못하면 그대로 퐁 하고 빠지고 만다.

갓파는 사람에게 해를 끼치기도 하지만 기본적으로 장난을 좋아하는 성격으로 우호적인 요괴라고 할 수 있다. 갓파는 인간이 자신을 구해 주면 그

▲ 이와테 현 도노 시의 죠켄 사에 있는 갓파 코마이누

답례로 여러 가지 신기한 선물을 준다. 물고기를 매일 가져다주거나 손님용 밥상과 그릇을 빌려주거나 밭일을 거들어 주기도 한다. 또는 어떤 상처라도 즉시 낫게 해 주는 고약을 만드는 비법을 알려 준 갓파도 있었다.

이와테 현 도노 시에 있는 갓파 연못에는 근처의 죠켄 사(常堅寺)라는 절에 화재가 났을 때, 불을 끄는 것을 도운 갓파 전설이 있다. 이 갓파는 후에 절의 코마이누(신사나 절 앞에 사자 비슷하게 조각하여 마주 놓은 한 쌍의 상(像))가 되었다고 하며, 지금도 머리에 그릇이 있는 '갓파 코마이누'를 볼 수 있다.

> **MEMO**
> 갓파는 기본적으로 초록색에 등딱지가 있고 손가락에는 물갈퀴가 있으며 머리에는 그릇이 있는 모습이지만, 전신에 붉은 털이 돋아난 원숭이 같은 갓파도 있다.

제4장 물에 사는 요괴

◀ 바다 밑에서도 육지처럼 살 수 있는 물고기 인간. 그 위엄 있는 모습을 보니 진화의 극을 이룬 고대 인류의 후손이라는 생각도 든다.

FILE 43
Monsters of the World

인류에게 문명을 선사한 물고기 인간

# 오안네스
## (Oannes)

[장소] 이라크
위험도 ★★★★★
요력 ★★★★★
레어도 ★★★★★

**기** 원전 3500년 경, 중동 이라크에 있는 티그리스 강과 유프라테스 강 사이에서 번영한 메소포타미아 문명. 그 뿌리가 수수께끼의 수메르 문명이다. 수메르 인들은 지구에 나타났을 때부터 이미 모든 지식과 기술을 알고 있었다고 한다. 지구라트라는 거대한 신전을 건축한 뒤, 그 주위를 에워싸고 큰 도시를 세웠다. 수학과 천문학에 대한 높은 경지의 지식을 가지고 있었는데 그들의 지식 수준은 수메르 문명 이후에 나타난 그 어떤 문명보다도 뛰어났다고 한다.

▲ 오안네스. '다곤'이라고 불리기도 한다.

수메르 인들이 그 지식을 어떻게 습득할 수 있었는지, 어디에서 얻은 지식인지에 대해서는 지금도 의문에 싸여 있다.

바빌로니아 신화에 따르면 이 땅에 문명을 가져온 이는 '오안네스'라는 반인반어의 괴인이었다고 한다. 오안네스는 낮이 되면 육지로 올라와 사람들에게 여러 지식을 가르쳐 주었다. 문자나 법률, 건축, 관개 농업과 예술까지 문명의 기본이 되는 모든 지혜를 인간에게 알려 준 것이다.

오안네스는 밤이 되면 바다로 돌아갔다. 바다 밑에는 태고에 멸망한 아틀란티스라고 하는 초고대 문명의 대륙이 잠겨 있다고 한다. 오안네스는 그 대륙에서 온 인류의 조상이지 않았을까?

## FILE 44 Monsters of the World

물에 사는 흉폭하고 위험한 요괴

# 우시오니
## (牛鬼)

[장소] 일본
위험도 ★★★★★
요력 ★★★★☆
레어도 ★★★★☆

▼ 인간만 보면 덮치는 매우 사납고 두려운 요괴. 젊고 예쁜 여자로 변해 나타나기도 하므로 방심은 금물이다.

제4장 뭍에 사는 요괴

## 마주쳤다간 습격당한다

고요한 산속을 흐르는 시내. 유난히 물의 흐름이 약해지는 부분이 있다. 그 수면이 출렁 하고 흔들리더니 깊은 곳에서부터 물이 흐려진다. 이게 뭔가 싶어 보고 있으면 갑자기 물보라를 일으키며 소의 머리를 한 거대한 괴물이 나타나 습격해 온다!

▲에도 시대에 그려진 우시오니

'우시오니'는 연못이나, 바다 등의 물에 살며 인간을 물속으로 끌어 들여 먹어 치우는 무척 사납고 위험한 요괴다. 시마네 현에 나타났다는 우시오니는 '누레온나'와 함께 바닷가에 나타나는 일이 많다고 한다. 누레온나는 우시오니가 인간을 바다로 끌어 들이는 것을 돕는 여자 요괴다. 혼자서 해변을 걷고 있으면, 갓난아기를 안고 있는 흠뻑 젖은 여자가 나타나 잠시 아기를 데리고 있어 달라고 한다. 이 부탁을 들어주면 여자는 바다로 첨벙첨벙 들어가 버린다. 아기는 점점 무거워져, 아기를 건네받은 사람은 그 장소에서 꼼짝달싹할 수 없게 된다. 그러면 갑자기 바닷속에서 우시오니가 나타나 습격한다! 우시오니가 미녀로 변해 나타난 적도 있는 것으로 보아 누레온나와 우시오니는 원래 하나의 요괴이며 모습을 달리해 사람 앞에 나타나는 것인지도 모른다. 와카야마 현의 구마노 지방에서는 산에서 우시오니와 만나면 몸이 얼어붙어 그 자리를 떠날 수 없게 된다. 우시오니와 눈이 마주친 사람은 정기를 잃고 죽거나 그림자를 먹힌다. 또한 용소(폭포가 떨어지는 곳에 있는 웅덩이)에 살고 있는 우시오니는 수면에 비친 사람의

▲ 우시오니와 함께 나타나는 '누레온나'

그림자를 핥는다. 그러면 그 사람은 갑자기 고열이 나 2,3일 내에 죽음을 맞이한다. 만일 우시오니와 마주친 경우에는 "돌은 흐른다, 나뭇잎은 가라앉는다, 소는 소리 높여 울고 말은 짖는구나." 라고 뒤죽박죽된 주문을 외우면 도망칠 수 있다. 에히메 현 우와지마 시에서는 우시오니가 등장하는 기이한 축제인 '우와지마 우시오니 축제'가 매년 7월에 열리고 있다. 여기서 우시오니는 신을 모신 가마를 이끌고 마을 집들을 돌며 액막이를 하는 신수로서의 역할을 한다. 축제에서는 각 지역의 각양각색의 우시오니가 모여들어 퍼레이드를 벌인 후, 근처는 강에 뛰어들어 우시오니끼리 전투를 벌인다.

**MEMO**
우시오니는 소의 머리에 거미의 몸뚱이를 가진 모습일 때도 있다. 곤충의 날개를 달고 하늘을 나는 것도 있다고 한다.

▲ 와레이 신사(和靈神社)에서 보관 중인 우시오니의 가면

제4장 물에 사는 요괴

## 바

다에 나타나는 '시 서펜트'는 기원전부터 현재에 이르기까지 목격담이 끊이지 않는 거대한 괴물이다.

기원전 4세기경, 그리스의 철학자 아리스토텔레스가 배를 덮치는 거대한 바다뱀에 대한 기록을 남겼다. 또 『구약성서』중 '욥기'에서는 단단한 비늘을 가진 거대한 뱀처럼 생긴 바다 생물 '리바이어던(Leviathan)'에 대한 기술이 있다. 이들도 시 서펜트의 일종으로 보인다.

16세기, 대항해 시대가 열린 뒤 그때까지 모르고 있었던 해양 지역까지 진출하게 되면서, 시 서펜트에 대한 목격담은 더욱 늘어났다.

시 서펜트의 몸길이는 대강 20~60m에 달하며 개중에는 배를 습격하는 흉폭한 것도 있다고 한다. 일본에도 이와 비슷한 '이쿠치'라는 거대한 바다뱀처럼 생긴 요괴 이야기가 전해지고 있다. 이쿠치는 히타치노쿠니(현재의 이바라키 현) 근처 바다에서 출몰했다고 한다. 배를 발견하면 접근해서는 일부러 배 위를 넘어 지나간다. 몸이 굉장히 길어 지나가는 것만으로도 몇 시간에서 사흘까지 걸린 것도 있었다고 한다. 이쿠치의 몸은 미끈미끈한 기름으로 뒤덮여 있어, 배 위를 지나가면 대량의 기름이 남는다. 이 기름을 배에서 걷어 내지 않으면, 그 무게로 인해 배가 점점 침몰한다고 한다.

▲시 서펜트와 비슷한 일본의 요괴 이쿠치

제4장 물에 사는 요괴

FILE 46 Monsters of the World

## 바다를 떠도는 망령들
# 후나유레이
### (舟幽靈)

[장소] 일본 지바 현
위험도 ★★★★★
요력 ★★★★★
레어도 ★★★★★

**흰**

소복 입은 망령들이 바다에 나타나 배를 가라앉히려고 한다. 이들이 바로 배 유령, '후나유레이'다. 이들은 바다에서 목숨을 잃은 망자가 자신의 고통을 알리기 위해, 혹은 동료를 늘리기 위해 배를 침몰시키려고 한다.

후나유레이가 모습을 드러내는 건 비가 오는 날이나 달이 없는 밤 또는 바다가 폭풍으로 거칠어질 때다. 후나유레이는 어느샌가 배 안에 들어와서는 "국자를 빌려줘."라고 말한다. 그래서 국자를 빌려주면, 배에 물을 부어 침몰시켜 버린다. 그렇기에 바닥이 뚫린 국자를 준비해 두었다가, 후나유레이와 마주쳤을 때는 이 국자를 건네줘야 한다. 사람의 모습을 한 유령 외에 아무도 타지 않은 유령선이 나타나는 경우도 있다.

옛날 북국으로 향하던 배에 혼자 탔던 남자가 태풍을 만나 배가 부서지는 바람에 바다로 내동댕이쳐졌다. 바로 앞에 떠 있던 판자를 붙들고 가까스로 바다를 떠돌고 있으려니, 어느샌가 한밤중이 되었다. 그때, 멀리서부터 배 한 척이 다가왔다. 어떻게든 저 배에 타야겠다고 생각했으나 배는 눈 깜짝할 사이에 사라져 버렸다. 남자는 그 배가 유령선이었다는 것을 깨닫고 오싹해졌다. 유령선은 밤새도록 나타났다 사라졌다를 반복했다고 한다.

제4장 물에 사는 요괴

▲ '우미보즈(海坊主, 바다에 사는 거인)'도 바다의 망자가 변한 요괴라고 한다.

FILE 47 Monsters of the World

## 사그락사그락 소리를 내는
# 팥 씻김이
## (아즈키아라이)

▶강 근처에서 등을 구부리고 사그락사그락 팥을 씻고 있는 자그마한 아저씨가 있다면, '팥 씻김이'일지도 모른다.

[장소] 일본
위험도 ★☆☆☆☆
요력 ★★★☆☆
레어도 ★★☆☆☆

## 강

근처에서 귀를 기울이면 사그락사그락 하는 소리가 들려온다. '팥 씻김이'가 근처에 있다는 뜻이다. 팥 씻김이는 "팥을 씻을까, 사람을 잡아먹을까~."라는 기분 나쁜 노래를 부르거나, 사람을 강으로 끌어 들여 물에 빠져 죽게 한다. 팥 씻김이는 절에서 일하던 동자승이

▲팥 씻김이가 왜 팥을 씻는지는 알려져 있지 않다.

변한 요괴라고 한다. 옛날 어느 절에 물건의 숫자를 맞히는 데 자신이 있었던 동자승이 있었다. 동자승은 한 되에 몇 알의 팥이 들어 있는지 정확히 맞히는 신기한 능력이 있었다. 동자승은 머리는 그다지 좋지 않았지만 솔직했고 열심히 일했기에 절의 주지는 장차 이 동자승에게 절을 물려주려 했다. 이를 시기한 같은 절에 있던 엔카이라는 중이 어느 날 주지가 출타한 틈에 이 동자승을 죽이고는 그 시신을 우물 속에 숨겼다. 그러자 어느 날부터 절에 이상한 일이 생겼다. 우물에서 밤마다 동자승의 모습을 한 그림자가 떠오르기도 하고 절의 덧문에 팥이 부딪치는 소리가 들리기도 했다.
또 시냇가에서 동자승과 닮은 누군가가 팥을 씻으며 그 수를 헤아리는 모습을 본 사람도 있었다. 동자승을 죽인 엔카이는 결국 죄가 발각돼 사형에 처해졌다. 절은 그 후, 사람들의 발길이 끊어지더니 결국 그 흔적조차 사라졌다고 한다.

**MEMO**
강 근처에서 소리를 내는 요괴로는 쌀을 씻는 '쌀 씻는 노파(고메토기바바)'나 밤중에 철벅철벅 빨래를 하는 '세탁 여우(센타쿠기츠네)' 등이 있다.

시 서펜트도 거대하지만, 바다에 사는 전설 속 괴물로 치자면 전혀 다른 스케일을 자랑하는 것이 '크라켄'일 것이다. 그 모습은 오징어나 문어와 비슷하며, 옛날에는 북유럽 신화 속 바다의 마물로 등장했다. 중세 유럽의 『박물지(博物誌)』에 그 크기에

▲ 문어와 비슷한 모습으로 그려진 크라켄

대한 여러 기술이 남아 있다. 바다를 여행하던 어떤 사람이 무인도에 도착하여 그곳에서 몇 시간을 머물렀다. 섬을 떠난 후에야 그 섬이 크라켄으로 보이는 거대한 생물의 몸이었음을 깨달았다고 한다. 또다른 기록에서는 항해 도중 크라켄과 조우했는데, 크라켄이 내뿜은 먹물로 인하여 주변 바다가 온통 시커멓게 되었다고 한다.

크라켄은 길고 유연한 다리로 배를 휘감아, 눈 깜짝할 사이에 파괴한 뒤 침몰시켜 버린다. 바람도 불지 않고 파도도 잔잔한 바다에서 갑자기 해면에 거품이 일기 시작하면, 그게 바로 크라켄이 나타난다는 신호이다.

또한 크라켄은 배에서 바다로 던져진 사람을 단 한 사람도 남기지 않고 먹어 치운다. 1872년, 포르투갈 앞바다에서 선원이 전부 사라진 채 발견된 메리 셀레스트 호도 사실 크라켄이 습격한 것은 아닐까 하는 추측도 있다. 바다에서 가장 만나고 싶지 않은 괴물일 것이다.

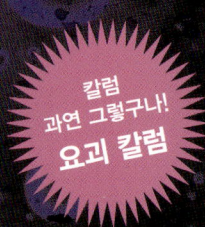

## 현대의 요괴 세 번째
# 인면견(人面犬)

빌딩과 빌딩 사이, 개가 쓰레기를 뒤지고 있다. 유기견인가 싶어 가엾게 생각해 가까이 다가가면, 기척을 느낀 개가 휙 돌아본다. 그러나 나를 보는 이는 개가 아니라 사람, 그것도 아저씨의 얼굴. 내게 "내버려 둬." 라고 말하고는 개는 그 장소를 떠났다.

인면견은 그 이름대로 사람의 얼굴을 한 개 요괴다. 딱히 사람을 습격했다는 이야기는 없지만, 무심코 화나게 했다가 물리면 물린 사람도 인면견이 된다고 한다. 예로부터 동물의 몸에 사람의 얼굴을 한 괴물은 세계 각지에 존재했다. 상반신이 인간이며 하반신이 물고기인 인어(110페이지)를 시작으로, 켄타우로스(36페이지)나 나뱌치(51페이지) 등 많은 괴물들이 알려져 있다. 또한 이집트의 피라미드를 수호하는 스핑크스도 사자의 몸에 인간의 얼굴을 한 신수이다. 옛날부터 인간 가까이에 존재한 특별한 힘을 지닌 존재인 것이다.

◀ 사자의 몸에 사람의 얼굴을 가진 스핑크스

# 산야에 사는 요괴

## 제5장

산이나 초원 같은 자연은
요괴들의 본거지.
무심코 발을 디뎠다가
사로잡히지 않도록!

**한**치 앞도 보이지 않는 밤길을 걷고 있으면, 갑자기 하늘하늘한 한 필(약 11m 길이) 정도의 무명천이 나타나 위에서 덮어씌우듯 감겨든다.

▲ 잇탄모멘이 내려온다고 알려진 곤겐 산

벗으려고 해 봐도 얼굴에 딱 붙어 떨어지지 않고, 발버둥치면 칠수록 몸을 죄어 온다. 정신을 잃는 정도라면 낫겠지만 그대로 죽는 사람도 있다고 한다. 가고시마 현 기모츠키 군 주변에서는 이를 '잇탄모멘'이라는 요괴의 짓으로 여기며 두려워했다. 잇탄모멘은 하늘하늘 날아와 사람을 휘감고는 숨을 쉬지 못하게 하지만 돌돌 말린 옷감 같은 상태로 빙글빙글 돌며 빠르게 날아다니다가 사람을 발견하면 그대로 휘감아 하늘로 날아오르기도 한다. 잇탄모멘은 저녁때가 지나 주위가 어두워졌는데도 집에 돌아가지 않고 놀고 있는 아이들을 매우 좋아한다. 그런 아이들을 어른들은 "잇탄모멘에게 끌려간다."고 으르기도 했다.

**! MEMO**
밤길에 갑자기 커다란 보자기를 덮어씌우는 '후스마'라는 요괴가 있다. 이 요괴는 검게 물든 치아로만 물어뜯을 수 있다고 한다.

잇탄모멘은 마을 근처에 있는 곤겐 산에서 내려온다고 한다. 산꼭대기에는 신사였던 곳으로 보이는 수수께끼의 사당이 남아 있으나, 무엇을 모셨는지는 알 수 없다고 한다.

FILE 50 Monsters of the World

후드득후드득 모래가 떨어진다면

# 모래 뿌리는 노파 (스나카케바바)

[장소] 일본 긴키 지방
위험도 ★★★★
요력 ★★★★
레어도 ★★★★★

**사**람이 별로 지나다니지 않는 숲 속, '무언가가 나타날 것 같다.' 란 생각에 흠칫흠칫하며 발걸음을 재촉해 지나가는데, 갑자기 머리 위에서 후드득후드득 모래 떨어지는 소리가 난다. 쿵쿵 뛰는 소리를 들으며 주변을 살피고 머리나 눈썹을 털어 봐도 모래는 묻어 있지 않다. 이런 일이 있었다면 그건 '모래 뿌리는 노파'의 짓일지도 모른다. 모래 뿌리는 노파는 나라 현이나 효고 현 등의 긴키 지방에서 전해지는 요괴다. 인적 없는 숲이나 신사의 곁길, 큰 소나무 옆 같은 곳에 나타나며 모래를 뿌리는 소리는 들리지만, 소리만 들릴 뿐 아무 일도 일어나지 않는 경우가 많다. 모래를 맞을 때도 있지만 모래 뿌리는 노파의 모습을 실제로 본 사람은 아무도 없다. 좀 으스스한 요괴긴 해도 위험하진 않다. 모래 뿌리는 노파와 비슷한 요괴로는 '모래 뿌리는 너구리'나 '모래 뿌리기(스나후라시)' 등이 있다. 양쪽 다 정체는 너구리이며, 몸에 모래를 묻힌 너구리가 나무에 올라가 기다리다가 사람이 지나가면 몸을 흔들어 모래를 떨어뜨려 깜짝 놀라게 하는 것이다. 모래를 맞은 사람은 방향 감각을 잃는데, 때로는 강으로 뛰어드는 일도 있다고 한다. 만일 혼자서 걷고 있을 때 모래를 뿌리는 소리가 들려 올려다보면, 나뭇잎의 그림자 사이로 쪼글쪼글한 할머니가 히죽 하고 기분 나쁘게 웃고 있을지도 모른다.

제5장 산야에 사는 요괴

▲족제비. 모래를 뿌리는 건 족제비 요괴 짓이라고도 전해진다.

◀ 긴 코에 붉은 얼굴을 한 오오텐구(오른쪽)는 새의 모습을 한 까마귀 텐구들을 거느린다. 산을 지배하는 신에 가까운 요괴이다.

제5장 산야에 사는 요괴

[장소] 일본 각지
위험도 ★★★☆☆
요력 ★★★★★
레어도 ★★★☆☆

## 고대부터 알려진 요괴

'텐구'는 일본의 산에 사는 요괴다. 얼굴은 붉고 코가 크며, 수행 중인 수도자 같은 모습이다. 손에는 깃털 부채를 들고 하늘을 자유로이 날아다닌다. 이런 텐구를 가리켜 '오오텐구', 혹은 '하나다카텐구'라고 부른다. 오오텐구의 부하로 '작은 텐구', '까마귀 텐구'라고 불리는 요괴들이 있다. 이들은 오오텐구보다 몸집이 작고 부리가 뾰족하며 새와 비슷하다. 오오텐구 중에는 거의 신에 근접할 정도로 강한 신통력을 가진 이도 있다. 그런 텐구들은 각자 이름을 가진다. 그중에서도 교토의 구라마 산에 살던 '구라마 산 소죠보'는 미나모토노 요시츠네(源義経)에게 병법을 가르쳐 준 유명한 텐구다.

텐구가 산을 지배한다고 해도 과언이 아니다. 산에서 일어나는 여러 괴이쩍은 일은 대부분 텐구의 소행이다. 예를 들어, '텐구 쓰러짐(텐구다오시)'은 나무가 쓰러지는 소리가 들려 무슨 일인가 싶어 가 보면 아무 일도 일어나지 않은 현상을 가리킨다. 그 외에도 아무도 없는 곳에서 갑자기 자갈이나 모래가 떨어져 내리는 '텐구 날리기(텐구츠부테)'나 어린아이가 산에서 행방불명이 되었다가 돌아와서는 텐구와 만났던 이야기를 하는 것을 뜻하는 '텐구 숨기기(텐구카쿠시)' 등이 있다. 텐구는 주로 산에 있으나, 사람이

▲텐구에게 검을 배우는 소년기의 미나모토노 요시츠네

사는 마을로 내려와 못된 장난을 치기도 한다. 지금부터 약 300년 전에, 이즈(시즈오카 현)의 가시와 고개라는 곳에서 텐구가 여행객이나 주민들에게 짓궂은 장난을 치는 바람에 사람들은 곤욕을 치르고 있었다. 그들은 가까운 곳에 있는 스님에게 텐구를 내쫓는 기도를 해 달라고 부탁했다. 가시와 고개에는 다른 나무들보다 훨씬 멋지고 큰 나무가 한 그루 있었다. 스님은 이 나무가

▲텐구는 여러 가지 종류가 있는데, 부리와 날개가 있는 '까마귀 텐구'도 있다.

텐구의 거처임에 틀림없다고 생각해 나무 아래에서 7일 밤낮 동안 계속해서 경을 읽었다. 마지막 날, 스님 앞에 코 길이가 3자(90cm)나 되는 텐구가 나타났다. 스님이 그 코를 잡아 비틀자, 당황한 텐구는 도망쳐 버렸다. 그 후, 나뭇꾼이 그 큰 나무를 찍어 내리니 갑자기 돌풍이 불더니 하늘에서 두루마리가 떨어져 내렸다. 이와 동시에 거목은 쓰러졌고 이후 가시와 고개에서 나쁜 장난을 치던 텐구는 사라졌다고 한다. 두루마리에는 읽을 수 없는 문자가 빼곡했다. 이는 텐구가 그때까지의 장난을 사죄하는 '텐구의 사죄문'이라고 하며, 지금도 이즈에 위치한 부츠겐 사(寺)에서 보관 중이다.

> **MEMO**
> 일본에서 가장 오래된 텐구는 '아마츠키츠네'로 『일본서기』에 등장한다. 이것은 '하늘을 흐르는 거대한 혜성'을 뜻한다.

**지금도 어딘가에서 듣고 있다**

# 아부라스마시

**구**

마모토 현 아마쿠사 군에 있는 구사즈미고에라는 고개를 어떤 할머니가 손자의 손을 잡고 가고 있었다. 할머니는 어릴 적 이 고개에서 요괴가 나온다는 이야기를 들었던 것이 문득 떠올랐다. "그러고 보니 옛날 여기서 '아부라스마시'라는 요괴가 나왔었단다." 라고 말하자 어디선가 큰 목소리로 "지금도 나오고 있다!" 라고 외쳤다고 한다. 주변을 둘러보아도 할머니와 손자 이외에는 아무도 없었다. 두 사람은 두려움에 떨며 서둘러 고개를 넘었다고 한다. 아부라스마시는 기름을 넣은 병을 들고 있다거나 모습은 보이지 않고 피묻은 손만 나타나거나, 잘린 목이 굴러 떨어졌다거나 하는 등 여러 가지 모습이 전해지고 있지만 실제로 어떤 모습인지 확실히 본 사람은 없다고 한다.

[장소] 일본 구마모토 현
위험도 ★★★★☆
요력 ★★★★☆
레어도 ★★★★★

# FILE 53 Monsters of the World

## 산길에서 갑자기 콧물이 나오면
## 사다

▶ 신기한 콧물의 요괴. 외출할 때에는 반드시 휴지를 챙기도록 하자.

제5장 산야에 사는 요괴

**산**

길을 걷고 있는데 갑자기 코가 근질근질해지고 콧물이 주륵 흘러나온다. 추위 때문도, 무언가가 콧속에 들어가서도 아니다. 콧물이 끊이지 않고 계속 흘러나와, 아무리 코를 풀어도 좀처럼 멈추질 않는다. 이것은 산에 사는 요괴 '사다'가 달라붙었기 때문이라고 한다. 산에서 갑자기 열이 오르거나 기분이 나빠져 그곳에 쭈그려 앉는 것을 가리켜 '신 마주침'이라고 한다. 신이 갑자기 나타나 장난을 쳤기 때문에 겪는 증상이란 뜻이다. 그중에는 갑자기 배가 고파져 움직일 수 없게 만드는 '허기의 신' 같은 것도 있다. 허기의 신은 먹을 것을 입에 넣으면 떨어져 나간다고 한다. 사다 역시 이런 '신 마주침'의 일종이다.

[장소] 일본 아오모리 현
위험도 ★★☆☆☆
요력 ★★☆☆☆
레어도 ★★☆☆☆

둘이서 하나인 요괴 콤비

# 테나가아시나가
## (手長足長)

[장소] 일본 각지
위험도 ★★★★★
요력 ★★★★★
레어도 ★★★★★

> **팔** 이 극단적으로 긴
'테나가(手長)'와 다리가 긴
'아시나가(足長)', 이 둘이 콤비가
된 요괴가 '테나가아시나가' 이다.

▲테나가아시나가가 물고기잡이를 했다는 아지마 지방의 바다

『산해경』이라는 중국 고서에 따르면 원래 테나가아시나가는 각각 '긴 팔 왕국', '긴 다리 왕국'에 사는 기묘한 모습을 한 민족이었다고 한다. 헤이안 시대의 일본에서는 불로장수를 주관하는 신선으로 생각했다. 야마가타 현과 아키타 현에 걸쳐 있는 쵸카이 산에는, 테나가아시나가라는 이름의 거인에 대한 이야기가 전해지고 있다. 테나가아시나가는 마을에 내려와 나쁜 장난을 쳤기 때문에 쵸카이 산의 신이 이를 보다못해 3개의 다리가 있는 신령한 새(靈鳥)를 마을로 내려보냈다. 이 새는 테나가아시나가가 산 꼭대기에 있을 때에는 '없다', 마을로 내려오려고 할 때에는 '있다' 하고 울어 사람들에게 알렸다. 이 새가 있는 곳은 '있다없다 관문'으로 불렸는데 지금도 지명이 남아 있다. 아이즈의 반다이 산에도 이와 비슷한 테나가아시나가의 전설이 남아 있으며, 이곳의 테나가아시나가는 부부였다고 전해진다. 또한 후쿠이 현의 아지마에는, 야마토 민족이 올 때까지 이 땅에 테나가아시나가가 살았다고 전해진다. 테나가아시나가는 주로 물고기를 잡아 생계를 꾸렸다. 물고기를 잡는 방법은 아시나가가 테나가를 등에 업고 바다에 들어가면 테나가가 조개 배설물을 손바닥에 올려놓고 바다 속에 손을 넣는다. 그리고 물고기가 조개 배설물을 먹으러 왔을 때를 노려 붙잡는다고 한다. 어쩌다 테나가아시나가와 마주쳐도 그리 위험하지는 않다. 마주친다 해도 위험한 요괴는 아니니 걱정하지 말라.

제5장 산야에 사는 요괴

FILE 55 Monsters of the World

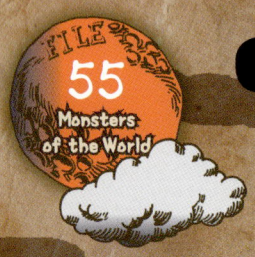

벽이 계속된다

# 벽 막이 (누리카베)

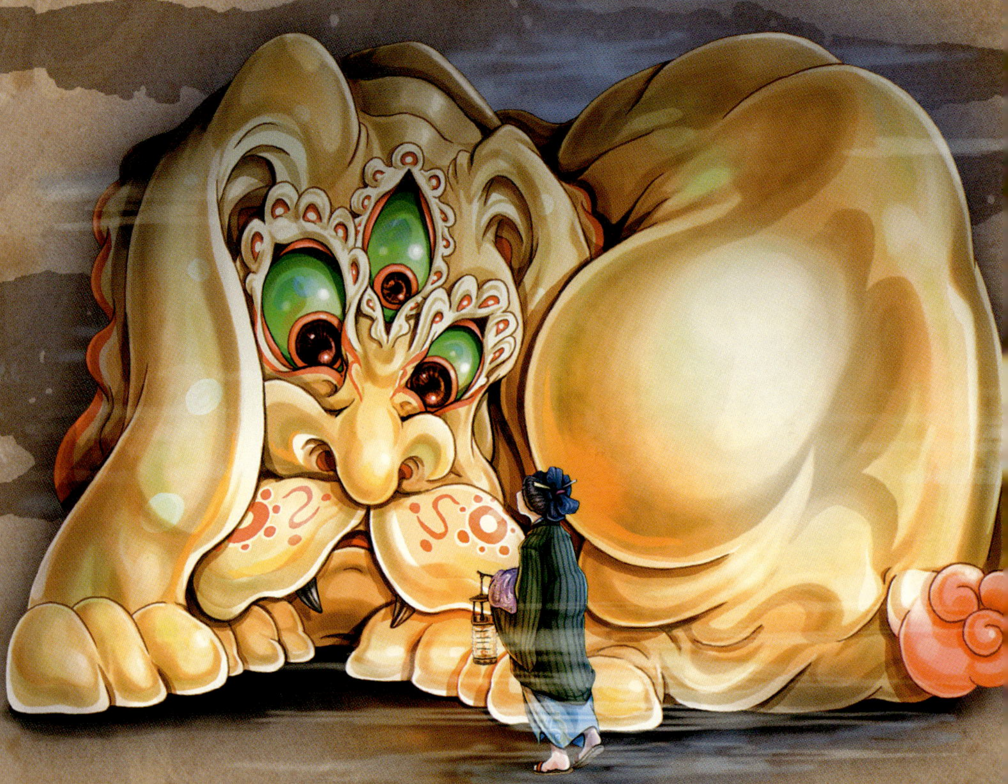

[장소] 일본 등

위험도 ★☆☆☆☆

요력 ★★★☆☆

레어도 ★★☆☆☆

▲벽 막이와 만난 사람은, 벽 막이의 모습을 보지 못한다. 단지 눈앞에 벽이 있다고 생각할 뿐이다.

**산**

길이나 숲속을 어두운 밤에 걷고 있을 때 눈앞에 갑자기 큰 벽이 가로막아, 앞으로 나아갈 수 없을 때가 있다. 만일 이런 일이 일어났다면 이것은 '벽 막이'의 짓일지도 모른다.

▲너구리의 몸은 다다미 8장 정도로 펼쳐졌다.

제5장 산야에 사는 요괴

벽 막이가 나타나면, 위아래는 물론 옆으로 빠져나가려고 해도 사방으로 벽이 펼쳐지며 오도 가도 못 하게 된다. 밀어도 두드려도 꿈쩍도 않는다. 이럴 때에는 침착하게 가까이에 나무 막대기가 떨어져 있지는 않은지 찾아보자. 그 막대기로 벽을 향해 지상 30cm 정도 되는 부분을 빠르게 두드리면 신기하게도 흔적도 없이 벽이 사라져 버릴 것이다. 이와 비슷한 요괴로 '노부스마'가 있다.

길을 걷고 있는데 갑자기 눈앞에 큰 장지문이 나타났다. 상하좌우 어디를 살펴보아도 끝없이 펼쳐진 장지문뿐이다. 그대로 기절하는 사람도 많지만 근처에 있는 바위에 앉아 잠시 기다리면 자연히 사라진다고 한다. 또한, 파푸아뉴기니의 정글에서 벽 막이와 마주쳤다는 이야기도 있다. 동남아시아에도 벽 막이가 있는 듯하다.

**! MEMO**

벽 막이는 너구리나 족제비 짓이라고도 한다. 벽과 같은 것은, 너구리가 자신의 몸을 펼친 것이라고 한다.

147

FILE 56
Monsters of the World

사람의 얼굴을 한 꽃이 핀다

# 인면수
## (人面樹)

[장소] 중국
위험도 ★★★★★
요력 ★★★★★
레어도 ★★★★★

에도 시대의 요괴 도감으로 알려져 있는 『금석백귀습유』라는 서적에는 중국에서 유래된 '인면수'라는 불가사의한 나무가 그려져 있다. 당시의 백과사전 『화한삼재도회(和漢三才圖會)』에 의하면 중국에서 서남 방향으로 항해를 하면 천 리(약 4,000km) 정도 떨어진 곳에 '대식(大食)'이라는 나라가 있는데, 그곳에 사람의 살아 있는 얼굴처럼 생긴 꽃이나 열매를 맺는 인면수가 자라고 있다고 한다. 인면수는 깊은 산속에 있으며, 꽃은 평소에는 얌전히 눈을 감고 있다가 사람이 접근하면 눈을 뜨고 지그시 응시한다. 때로는 인간을 유혹하는 듯이 가지를 흔들어 와삭와삭 하는 소리를 내기도 한다. 무언가를 말하고 싶어 하는 것 같아 "무슨 일이야?"하고 말을 건네면 꽃들은 그 목소리에 반응해 일제히 까르륵 웃음을 터뜨린다. 그러는 사이 너무 웃은 탓에 시든 꽃은 뚝 하고 땅에 떨어져 버린다. 떨어진 얼굴은 이내 쭈글쭈글해져 갈색으로 변한다고 하니 어딘지 모르게 으스스하다.

인면수는 사람의 얼굴이 달려 있긴 해도 딱히 인간에게 해를 끼치진 않는다. 죽은 인간의 혼을 빨아들여 우연히 생겨난 나무라고도 하나 이제는 멸종해 버린 듯하다.

▲일본에는 나뭇잎이 사람으로 변한 바쇼우라는 요괴도 있다.

**행복을 부르는 식물 요괴**

# 알라우너
## (Alraune)

[장소] 독일
위험도 ★★★☆☆
요력 ★★★★☆
레어도 ★★☆☆☆

**알**라우너는 독일에 사는 식물 요괴다. 신비한 영력을 가지고 있어 연금술이나 마술 등에 쓰이는 식물 '만드라고라'의 일종으로 땅 위에 돋아난 모습은 평범한 풀처럼 보이지만, 뿌리 부분이 인간의 모습을 하고 있다고 한다.

▲ 고대의 약학서에 그려진 만드라고라

만드라고라도 알라우너도 뽑아낼 때는 무시무시한 비명을 지르며, 이 비명을 들은 자는 의식을 잃고 죽는다고 한다. 그래서 이것을 채집하는 사람들은 개를 줄기 부분에 묶고 자신은 멀리 떨어진 장소로 몸을 피했다. 그 다음 개를 부르면 끔찍한 비명을 듣지 않고도 뽑아낼 수 있지만, 개는 비명을 듣고 죽는다. 알라우너는 암컷밖에 없다고 하며 무고하게 사형을 당한 사람이 죽기 직전에 흘린 소변이 적신 곳에서 생겨난다고 한다. 채집한 알라우너는 붉은 와인으로 깨끗이 씻어 실크로 된 천으로 조심스레 감싼 후 상자에 넣어 보관하다가 매주 금요일에 꺼내 욕조에 넣는다. 그러면 주인의 어떤 질문에도 대답해 준다고 한다. 주인은 그 덕에 부자가 되거나 행복을 손에 넣을 수 있지만, 알라우너에게 너무 의지한 나머지 터무니없는 것까지 물으면 알라우너는 갑자기 모든 힘을 잃고 시들어 버린다고 한다.

**FILE 58** Monsters of the World

유럽의 작은 괴물

# 고블린
## (Goblin)

[장소] 유럽
위험도 ★★★★
요력 ★★★★
레어도 ★★★★

**광** 산이나 동굴에 사는 자그마한 요괴가 '고블린'이다. 대지의 갈라진 틈에서 태어나 유럽 전역으로 흩어졌다고 한다. 그렇기에 영국이나 프랑스를 비롯한 여러 나라에 전승이 남아 있다. 고블린은 다 커도 30cm밖에 되지 않는다. 큰 고블린이라 해도 120cm 정도라고 한다. 햇빛을 싫어하여 낮에는 광산 동굴 속에 터널을 파고 지내며, 밤이 되면 바깥으로 나와 사람들에게 이런저런 장난질을 친다.

▲민가에 숨어들어 술을 마시는 고블린. 고블린은 주로 어두운 곳에서 산다.

고블린은 말갈기를 쓰다듬는 등 가벼운 장난도 치지만, 어린애를 납치해 먹어 치우는 도를 넘어선 짓도 한다. 심술궂은 성격이라 짓궂은 장난으로 곤란에 처한 사람을 보면 무척 기뻐한다고 한다.
고블린 중에는 마을에 내려와 아예 남의 집에서 자리 잡고 사는 것도 있다. 청소를 잘 안 하는 사람의 집을 좋아해서, 가구의 위치를 멋대로 바꾸거나 소중한 물건을 숨기는 등 매일 심술궂은 장난을 친다. 하지만 원래 청소도 안 하고 눈치도 없는 집주인들이라 그런 장난질에도 고블린이 있다는 걸 눈치 채지 못한다고 한다. 만일 막 사온 우유가 시큼해지면 고블린이 집에 있는 증거다.

FILE 59
Monsters of the World

## 사람의 마음속을 들여다본다!
# 사토리

▶ 온몸이 털로 뒤덮인 요괴 '사토리'. 미확인 생물인 예티나 히바곤과 비슷한 모습이다.

**히** 다 지방의 산에는 '사토리' 라 불리는 사람의 마음을 읽는 요괴가 있다고 한다. 한 남자가 산에서 모닥불을 피우는데 갑자기 뒤에서 기척이 났다. 돌아보자 그곳에는 전신이 털로 뒤덮인 큰 원숭이처럼 생긴 괴물이 있었다. '뭐야, 이 녀석, 요괴인가.' 하고 남자가 마음속으로 생각하자, 요괴는 "너는 지금, '뭐야, 이 녀석, 요괴인가?' 하고 생각했지!" 고 말했다. 생각하는 것이 그대로 들통났기에, 행동 역시 미리 읽히고 말았다. 하지만 이런 상황이 난처해 죽겠다고 생각했더니 불에서 장작이 튀어 올라 사토리의 얼굴을 쳤다. 그러자 사토리는 "이런 일이 일어날 줄은 예상도 못했다. 인간이 무섭다."고 말하며 도망쳤다.

[장소] 일본 기후 현
위험도 ★★☆☆☆
요력 ★★★★☆
레어도 ★★☆☆☆

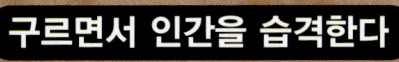

**구르면서 인간을 습격한다**

# 노즈치

제5장 산야에 사는 요괴

**산**

속 깊은 곳에 구멍을 파고 살며, 몸 길이 약 90cm, 지름 약 15cm 정도의 손잡이 없는 망치 같은 모습을 한 요괴가 '노즈치'다. 얼굴에는 입만 있으며 크기가 큰 것은 사람을 덮쳐 잡아먹기도 한다.

노즈치는 덕을 쌓지 못한 스님이 변한 요괴라고 하며, 입만 살았을 뿐 진실을 보는 눈도, 사람을 구할 손도 없었기에 죽은 후에 이런 모습이 되었다고 한다. 비탈길에서 굴러 떨어지는 속도는 매우 빠르지만 올라갈 때에는 느리므로 노즈치와 마주치면 높은 곳으로 도망치는 것이 좋다. 미지 동물인 츠치노코도 노즈치의 한 종류로 보고 있다.

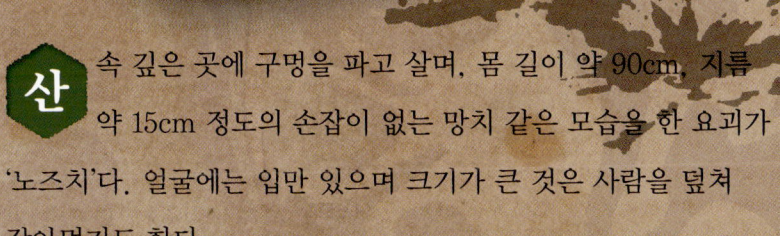

[장소] 일본
위험도 ★★★★★
요력 ★★★★★
레어도 ★★★★★

## 낡은 도구가 요괴가 된다!
# 즈쿠모가미 컬렉션

예로부터 동물이나 도구라도 놀랄 정도로 오랜 세월이 흐르면 대부분 요괴가 된다는 이야기가 있다. 도구 등의 '물건'이 변한 요괴를 '즈쿠모가미'라고 부르며, 『백귀야행권(百鬼夜行券)』이나 에도 시대의 서적에도 수많은 그림이 실렸다. 일본에는 어떤 즈쿠모가미가 있는지 옛 그림으로 살펴보자.

◀거울 요괴인 '운가이코(雲外鏡)'. 요괴의 정체를 꿰뚫어 본다고 한다.

▶짚으로 삼은 '요괴 짚신(바케조리)'. 짚신이 변한 요괴다.

◀외눈에 한 다리로 나타나는 '우산 요괴(카라카사오바케)'

▶밥을 짓는 '솥'의 요괴. 불이 붙은 채 나타난다.

# 마을에 숨어 든 요괴

## 제 6 장

요괴는 마을에
자연스럽게 섞여 있다.
당신도 모르는 새에
만났을지도?

FILE 61
Monsters of the World

담에서 튀어나온다
# 우왕

[장소] 일본
위험도 ★★★☆☆
요력 ★★★★☆
레어도 ★★★☆☆

날이 어둑해질 무렵 무덤 근처나 사람이 사는지 의심스러울 정도로 낡은 집 앞을 지나칠 때 등골이 오싹해진 적이 있을 것이다. '아무것도 나타나지 않기를.' 하고 마음속으로 빌며 발걸음을 재촉해 지나가려는 찰나, 갑자기 "우왕!" 하는 큰 소리와 함께 담을 넘어 나타나는 거대한 요괴가 '우왕'이다.

▲에도 시대의 서적에 그려진 우왕

우왕은 무덤의 주인이라고도 전해진다. 대개 우왕의 갑작스러운 등장에 깜짝 놀라는 정도로 끝나지만, 너무 놀란 나머지 넘어지면서 허리라도 다치면 큰 손에 덥석 붙들려 무덤으로 끌려가 버린다. 그대로 혼을 빼앗기거나 땅속에 묻히는 일도 있다고 하니 조심할 것. 이를 막으려면 우왕의 목소리가 들릴 때 곧 '우왕' 하고 되받아쳐야 한다.

또 우왕은 낡은 집에 나타나기도 한다. 옛날, 어떤 부부가 낡은 저택을 매우 싼값에 손에 넣었다. 밤이 되고 이제 슬슬 잠들 시간이 되었는데, 갑자기 집 안에서 "우왕!" 하는 큰 소리가 들리더니 동이 틀 때까지 계속되었다고 한다. 이 때문에 부부는 한숨도 자지 못했는데, 근처 사람들에게는 그 소리가 전혀 들리지 않았다고 한다.

## 밤길에 어부바를 해달라는
# 오바리욘

**밤**

길을 걷고 있을 때 갑자기 '오바리욘!' 하고 고함을 지르며 등에 업히는 요괴가 있다. 이 요괴가 바로 '오바리욘'이다. '어부바 요괴'라고도 하는데, 일단 등에 태우면 점점 무거워진다.
지역에 따라서는 머리를 갉작갉작 베어 먹는 것도 있다고 하니, 그 근처의 밤길을 걸을 때는 만일에 대비해 단단한 헬멧 같은 것을 쓰고 가는 게 좋다. 어느 날, 담력이 센 남자가 어부바를 조르는 오바리욘을 기꺼이 등에 업고 집으로 돌아갔다. 그러자 어느샌가 오바리욘은 황금이 들어간 단지로 변해 있었다고 한다.

[장소] 일본
위험도 ★☆☆☆☆
요력 ★★☆☆☆
레어도 ★★☆☆☆

### 뒤에서부터 발소리가 따라온다?

# 뚜벅뚜벅
## (베토베토상)

제6장 마을에 숨어드는 요괴

**친** 구와 헤어져 혼자서 밤길을 걷는데, 뒤에서부터 뚜벅, 뚜벅. 자신의 것이 아닌 다른 사람의 발소리가 들려온다. 멈춰 서면 발소리도 멈추고, 휙 돌아보면 아무도 없다. 기분 탓인가 싶어 다시 걸으면 다시 발소리가 따라온다. 그렇다면 이건 '뚜벅뚜벅'의 소행일지도 모른다. 뚜벅뚜벅은 밤길에 혼자 걷는 사람의 뒤를 발소리만 내며 따라가는 요괴다. 하지만 다른 나쁜 짓은 하지 않는다. 다만 너무 무서울 때는 길 옆으로 비켜서 "뚜벅뚜벅, 먼저 지나가세요."라고 말하면 발소리가 들리지 않는다고 한다.

[장소] 일본
위험도 ★★★★★
요력 ★★★★★
레어도 ★★★★★

해죽해죽 웃는 살아 있는 머리

# 오오쿠비
## (大首)

[장소] 일본 이시가와 현
위험도 ★★★★★
요력 ★★★★★
레어도 ★★★★★

**옛**날, 가나자와의 성 아래 마을에는 밤만 되면 '오오쿠비'가 나온다고 했다. 오오쿠비는 인적 없는 밤길에 갑자기 나타나 길을 가는 사람을 놀래던 거대한 여자 머리다.

길게 이어지던 비가 걷힌 어느 밤, 한 남자가 집으로 돌아가는 발걸음을 재촉하고 있었다. 그런데 주변이 갑자기 번개가 친 것처럼 밝아지더니 수풀이 우거진 곳에서 나뭇잎에 고인 물을 튕겨 내며 약 1.8~2m는 됨직한 거대한 얼굴만 남은 여자가 튀어나왔다. 그 커다란 머리는 뭐가 그리 좋은지 생글생글 웃으며 놀란 남자 앞을 지나쳐 갔다고 한다. 어떤 때에는 담 위에 오오쿠비가 올라앉아 있었다고 한다. 오오쿠비가 스쳐 지나가는 바람에 냄새나는 숨을 뒤집어쓴 사람도 있다. 오오쿠비의 숨결이 닿은 곳은 누렇게 변해 부어오르지만 의사에게 약을 처방받으면 얼마 지나지 않아 원래대로 돌아온다.

밤길이나 대문 근처에서 거대한 여자 얼굴이 튀어나와 해죽해죽 웃어대는 사건은 각 지역에서 발생했다. 개중에는 원한을 품고 죽은 인간이 분노한 얼굴로 나타나기도 한다. 도대체 왜 얼굴만 남았을까? 위험하진 않지만 수수께끼가 많은 요괴이다.

제6장 마을에 숨어든 요괴

▶ 화난 얼굴로 나타나는 오오쿠비도 있다.

FILE 65
Monsters of the World

**힘은 약하지만 비를 부른다**

# 비 내리는 동자승
## (아베후리코조)

[장소] 일본
위험도 ★★★★★
요력 ★★★★★
레어도 ★★★★★

## 비

내리는 동자승은 '우사(雨師)'라는 비의 신의 수하로 그의 신변을 돌보는 요괴다. 아직 신이 되지 못한, 견습이나 다름없는 요괴이기에 날씨를 좌우할 정도의 힘은 없다. 소나기나 여우비 등, 잠깐 내리고 그치는 변덕스러운 비는 동자승이 내리는 비일지도 모른다. 요괴 중에서 지위가 낮고 몸집도 자그마하고 심약하기에 다른 요괴들의 하인이 되기도 한다.

이와테 현에서는 비 내리는 동자승이 '여우 시집가기'를 돕는다는 이야기가 전해진다. 여우는 시집갈 때 사람에게 모습을 들키면 안 된다. 그렇기에 사람이 산에 들어올 수 없게 비 내리는 동자승에게 부탁해 신부 행렬이 지나가는 동안 비를 내리게 한다. 하늘에는 해가 나와 있는데, 산에서 비가 내리고 있으면 사람들은 여우가 시집간다고 생각한다.

비 내리는 동자승과는 반대로, 맑게 갠 날을 부르는 '히요리보(日和坊)'라는 요괴도 있다. 좀처럼 모습을 드러내진 않지만 맑게 갠 여름의 어느 날, 산에 나타난다고 한다. 날씨가 맑아지길 기원하며 창가에 매달아 놓는 테루테루보즈 인형이 히요리보다.

▲여우 시집가기. 여우비가 내릴 때 나타난다고 한다.

# FILE 66

### 두부를 빼앗아서는 안 된다

# 두부 동자승
## (豆腐小僧)

**양**

손으로 단단히 잡은 쟁반 위에, 바르르 떨리는 두부를 들고 나타나는 '두부 동자승'. 왜 두부를 들고 있는지, 왜 사람 앞에 나타나는지 전혀 알려져 있지 않은 수수께끼의 요괴다.

하지만 심약하여 사람을 놀라게 하지도 자신의 모습을 바꾸지도 못하기 때문에 요괴들 사이에서 심부름을 맡고 있다고 한다.

그러나 아무리 장난을 치지 않는다고 해도 상대는 요괴다. 두부 동자승이 들고 있는 두부를 빼앗아 멋대로 먹어 버리면, 몸에 곰팡이가 핀다는 이야기도 있으니 방심하면 안 된다. 두부 동자승은 에도 시대 서적 등에 자주 등장하는데, 마스코트로 사랑받는 존재였던 듯하다.

[장소] 일본
위험도 ★★★★★
요력 ★★★★★
레어도 ★★★★★

## 얼굴 없는 고깃덩어리?
# 눗페후호후

제6장 마을에 숨어드는 요괴

**눗** 페후호후는 통실통실한 고깃덩어리 같은 모습의 요괴다. 에도 시대, 슨부 성(시즈오카 현)에 이상한 것이 서 있는 것을 가신들이 발견했다. 어린아이 정도 크기의 고깃덩어리가 손가락이 없는 손으로 계속해서 하늘을 가리키고 있었다. 성주에게 어딘가 눈에 띄지 않는 곳으로 쫓아 버리라는 명을 받은 가신들은 이 요괴를 산에 버렸다고 한다. 그 후, 이 이야기를 들은 어떤 사람이 '혹시 봉황 고기가 아니었을까?' 라며 매우 안타까워했다. 봉황의 고기를 먹으면 불끈불끈 힘이 솟아나 엄청난 괴력을 얻게 된다고 한다. 이 고깃덩어리는 어쩌면 눗페후호후였을지도 모른다.

[장소] 일본 시즈오카 현
위험도 ★★★★★
요력 ★★★★★
레어도 ★★★★★

# 수레바퀴 행자 (輪入道)

**재앙을 부르는 수레바퀴 요괴**

FILE 68
Monsters of the World

[장소] 일본 교토 지역
위험도 ★★★★☆
요력 ★★★★☆
레어도 ★★★★☆

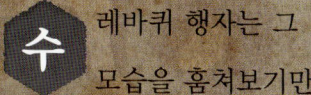

레바퀴 행자는 그 모습을 훔쳐보기만 해도 불길한 일이 생긴다는 두려운 요괴다.

옛날, 교토의 히가시노토인에서 밤만 되면 수레바퀴 행자가 지나간다는 소문이 있었다. 그 길가에 살던 한 여인이 그 모습이 보고 싶어 밖을 내다보았다. 한밤중이 되자 덜그럭덜그럭 길 저편에서부터 수레바퀴 1개가 굴러오는 것이 보였다. 자세히 보니 수레바퀴

▲ 수레바퀴에 여자가 타고 있는 '가타와구루마(片輪車)'라는 요괴도 있다고 한다.

한가운데에는 남자의 얼굴이 붙어 있는데 피투성이 입에는 갈기갈기 찢긴 인간의 다리를 축 늘어뜨리고 있었다. 여자는 공포에 떨며 '봐서는 안 될 것을 봐 버렸다.'며 깊이 후회했다. 그때 바퀴의 얼굴과 눈이 마주쳤다. 그러자 얼굴은 눈을 번득이며 여자에게 "나를 보느니 네 애나 살펴보도록 해라!" 라고 소리쳤다.

여자는 당황해 집으로 돌아가, 그녀의 아이가 자고 있는 곳으로 달려갔다. 그리고 이불을 젖힌 순간, 그녀는 비명을 질렀다. 아이의 한쪽 다리가 찢겨 나갔던 것이다. 요괴가 입에 물고 있던 것은 아이의 다리였다. 절대로 마주치고 싶지 않은 요괴다.

FILE 69 Monsters of the World

이 세계를 떠도는 영혼일까?

# 윌 오 위스프
## (Will o' the Wisp)

[장소] 세계 각지
위험도 ★★★★
요력 ★★★★
레어도 ★★★★

세계 각지에서 목격되는 푸르스름한 불꽃의 요괴가 '윌 오 위스프'이다. '횃불을 든 윌(윌리엄)'이라는 의미라고 한다. 윌은 생전에 굉장한 악인이어서 도둑질이나 살인을 아무렇지 않게 했다고 한다. 죽은 후에 윌은 지옥에 떨어지지 않으려고 저승과 이승을 가르는 사자(死者)의 문을 지키는 문지기를 교묘한 말로 속여, 인간계에 환생하는 데 성공했다. 그러나 윌은 자신의 악행을 반성하지 않고 전생처럼 악행을 거듭했다. 그러다 다시 죽음을 맞이해 사자의 문으로 가게 되었다. 윌을 본 문지기는 분노를 드러내며 "네놈이 있을 곳은 천국에도 지옥에도 없다!"며 윌을 천국과 지옥의 사이에 있는 연옥으로 떨어뜨렸다. 그를 가엾게 여긴 악마가 지옥의 불꽃을 휘감은 석탄 한 조각을 윌에게 건넸다. 이 석탄의 불꽃이 윌 오 위스프가 되어 나타난다고 한다. 윌 오 위스프는 살아 있는 인간을 홀리는데, 이 빛을 따라갔다가는 연못이나 호수에서 빠져 죽을 수도 있다. 하지만 위험한 건 여기까지다. '어리석은 자의 불꽃'으로 알려진 윌 오 위스프를 따라갈 사람이 없기 때문이다.

◀ 잭 오 랜턴(Jack-o'-lantern, 할로윈의 요괴 호박)과 같은 불꽃이라는 말도 있다.

FILE 70
Monsters of the World

머리 아래는 내장이 흔들흔들

# 페난갈
## (Penanggalan)

[장소] 동남아시아
위험도 ★★★★☆
요력 ★★★★☆
레어도 ★★★☆☆

## 동

남아시아의 말레이 반도나 보르네오 섬 부근에 '페난갈'이라는 여자 흡혈 요괴가 있다고 한다. 평소에는 평범한 여성이지만 밤이 되면 머리가 몸에서 떨어져 나와 자유로이 하늘을 날아다닌다. 여기까지라면 일본에 있는 '로쿠로쿠비'와 비슷하지만, 페난갈에게는 한눈에 알아볼 수 있는 결정적인 차이점이 있다. 무엇이냐면 목 아래에 위나 심장 같은 내장이 들러붙어 있는 역겨운 모습으로 공중을 날아다니기 때문이다. 밤길을 비추기 위해 내장은 번들거리는 빛을 뿜고 있으며, 여기서 방울져 떨어지는 피에 닿은 사람은 병에 걸린다. 페난갈은 원래 여인으로 악마에게 불사의 힘을 손에 넣었다고 한다. 어린아이의 피를 좋아해 막 태어난 갓난아기가 있는 집에 들어가 아기의 피를 한 방울도 남기지 않고 전부 마셔 버린다. 그렇기에 출산을 앞둔 집에서는 잎에 날카로운 가시가 있는 '아단'이라는 식물을 현관에 심었다. 그렇게 하면 내장이 가시에 찔리는 게 두려워 페난갈이 접근하지 못하기 때문이다.

> **MEMO**
> 필리핀에는 밤이 되면 상반신이 하반신에서 분리된 채 하늘을 날아다니며 갓난아기를 잡아먹으러 다닌다는 '마나난갈'이라는 마녀의 전설이 있다.

▲ 미세한 가시가 있는 아단의 잎

제6장 마을에 숨어든 요괴

**20**세기 들어서 사람들에게 알려진 요괴가 '그렘린'이다. 고블린처럼 사람에게 장난치는 난쟁이 요괴들의 최종판인 요괴로, 전자 기기나 엔진 같은 기계에 달라붙어 고장을 일으킨다. 1차 세계 대전 중에 영국 공군기에 나타난 것이 처음이라고 한다.

그렘린은 기계 속에 손가락을 찔러 넣어 고장 내거나 연료인 가솔린을 모두 마셔 버린다. 또한 날카로운 어금니로 부품을 연결하는 전선을 물어뜯어 누전을 일으키는 등 기계에 못된 장난을 친다.

1927년 프로펠러기로 대서양 단독 무착륙 비행에 성공한 비행사 찰스 린드버그는 비행 중에 그렘린과 대화를 했다고 한다. 이륙하고 10시간 정도 지났을 때, 린드버그가 탄 기내에 아지랑이 같은 게 자욱이 끼었다. 아지랑이는 모양을 만들다가도 이내 흩어지는 등 마치 생명체처럼 움직였다고 한다.

그러다 아지랑이는 찰스에게 비행기의 구조나 항공 역학에 대하여 이야기하기 시작했다. 그 내용은 당시 지식보다 훨씬 뛰어난 것이었다고 한다. 그렘린은 인류보다 앞선 지혜를 어디선가 얻었던 것이다.

제6장 마을에 숨어든 요괴

▶ 미국의 비행사로, 그렘린과 대화를 나눴다는 찰스 린드버그

### 플라스크에서 산다
# 호문쿨루스
### (Homunculus)

플라스크에서 사는 신비한 생명체가 '호문쿨루스'이다. 연금술로 만들어지며, 탄생한 순간부터 모든 지식을 가지고 있다고 한다. 16세기 스위스 의사이자 연금술사로 알려진 파라켈수스는 그의 저서에 호문쿨루스 제작법에 대해 상세히 기술했다.

인간 남성에게 채취한 정액을 플라스크에 넣고 밀폐한 후, 증류기 속에서 40일에 걸쳐 썩게 한다.

그러면 머지않아 투명한 인간과 닮은 것이 플라스크 속에 생기는데, 인간의 혈액을 양분으로 매일 공급하며, 말의 태내(胎內)와 동일한 온도를 계속 유지한다. 이렇게 대략 40주 정도가 지나면, 호문쿨루스가 태어난다고 한다.

[장소] 스위스
위험도 ★★★★★
요력 ★★★★
레어도 ★★★★★

**램프를 문지르면 나타난다**

# 진
## (Jinn)

제6장 마을에 숨어드는 요괴

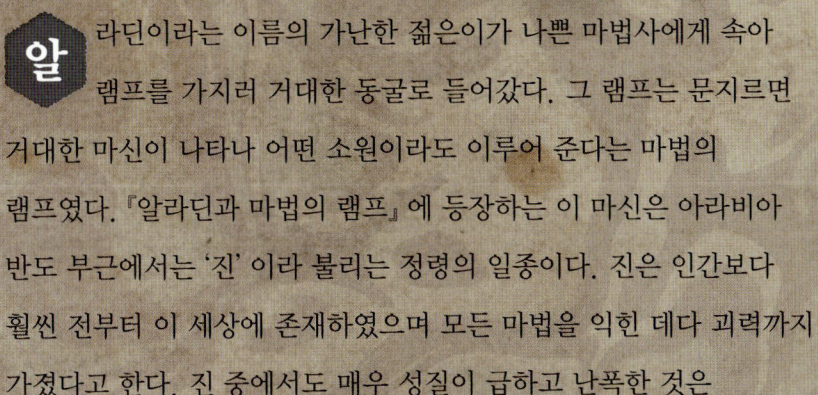

**알**라딘이라는 이름의 가난한 젊은이가 나쁜 마법사에게 속아 램프를 가지러 거대한 동굴로 들어갔다. 그 램프는 문지르면 거대한 마신이 나타나 어떤 소원이라도 이루어 준다는 마법의 램프였다. 『알라딘과 마법의 램프』에 등장하는 이 마신은 아라비아 반도 부근에서는 '진'이라 불리는 정령의 일종이다. 진은 인간보다 훨씬 전부터 이 세상에 존재하였으며 모든 마법을 익힌 데다 괴력까지 가졌다고 한다. 진 중에서도 매우 성질이 급하고 난폭한 것은 '이프리트'라고 불렸는데, 사막에서 거대한 용오름 같은 모래 폭풍을 만들며 이동한다고 한다. 사람에게 나쁜 장난을 치는 것도 있는데, 그 경우에는 반지나 램프, 단지 등에 봉인되는 경우가 많다.

[장소] 아라비아 반도
위험도 ★★☆☆☆
요력 ★★★★★
레어도 ★★★★☆

# 현대의 요괴 네 번째
## 화장실의 하나코

학교 여자 화장실 안에서 세 번째 칸을 세 번 노크하며 "하나코 씨." 하고 부르면 "네~에." 라는 대답이 돌아온다. 그 안에 있는 건 붉은 치마를 입은 단발머리 여자아이의 모습을 한 요괴 '하나코'다.

하나코와 만나면 화장실로 끌려 들어가 돌아올 수 없다. 일본 전국에 있는 초등학교의 화장실에 나타나는 하나코지만, 지역에 따라 정체나 성격은 다르다고 한다. 화장실에 나타나는 요괴는 옛날부터 여러 종류가 있었다. 에도 시대에는 '뒷간 엿보기 행자'나 '카이나데'라는 요괴가 나타났다고 한다. 또한 하나코 외에 '빨간 휴지 파란 휴지'라는 요괴도 있다. 화장실에 들어가 있으면 어디에선가 "빨간 휴지 줄까, 파란 휴지 줄까?" 하고 묻는데, 빨간 휴지를 고르면 피투성이가 되고 파란 휴지를 고르면 피가 전부 빠져나가 얼굴이 새파랗게 되어 죽는다.

당신의 학교 화장실에는 어떤 요괴가 있을까?

◀ 지금도 옛날에도, 화장실에는 무언가가 나올 것만 같은 분위기가 있다.

목욕탕의 때를 할짝

# 때 핥기 (아카나메)

[장소] 일본
위험도 ★★☆☆☆
요력 ★★★☆☆
레어도 ★★☆☆☆

**가** 족이 모두 잠든 조용한 한밤중, 목욕탕에서 할짝할짝하는 소리가 들린다. 살짝 들여다보니, 어린아이 정도의 몸집을 한 요괴가 욕조를 긴 혀로 싹싹 핥고 있었다.

'때 핥기'는, 목욕탕에 나타나며 먼지나 곰팡이, 물때나 인간의 때 등이 쌓여서 생긴 더러운 부분을 핥는 요괴다. 낡아서 그다지 손길이 미치지 않는 공중목욕탕이나 황폐한 빈집 등에 자주 나타나며 청소를 제대로 하지 않는 집의 목욕탕에도 나타난다.

때를 깨끗이 핥아 주니 청소를 하지 않아도 괜찮다고 생각할지도 모른다. 그러나 본디 때 핥기는 더러운 목욕탕에서 태어난 요괴라고 한다. 불결한 장소를 불결한 요괴가 핥으니 깨끗해질 리 없다. 오히려 더욱 불결하고 더러운 목욕탕이 될 뿐이다!

때 핥기가 인간의 몸을 핥는다는 이야기는 들어본 적이 없지만, 며칠이고 목욕탕에 들어가지 않아 때가 쌓이거나 더러운 목욕탕을 여러 번 사용하면 때 핥기가 나타나 몸을 직접 핥을 수도 있다.

때 핥기는 욕실과 몸을 청결히 해야 한다는 교훈을 주는 요괴이다.

▲ 에도 시대에 그려진 때 핥기

제7장 집에 나타나는 요괴

**한** 밤중의 화장실은 요괴가 나타날 것만 같은 기운으로 가득한 장소다. 이는 예나 지금이나 변하지 않는 사실이다. 에도 시대의 요괴 도감인 『금석화도속백귀(今昔畵圖續百鬼)』라는 서적에는, 밤이 되면 화장실에 나타나는 '뒷간 엿보기 행자'라는 요괴가 그려져 있다. 뒷간 엿보기 행자는 화장실에 사람이 들어와 볼일을 보고 있으면 밖에서 엿보거나 변기에서 나타나 사람을 놀라게 한다. 또한 깊은 밤중(오전 2시~2시 반 무렵)에, 화장실에서 뒷간 엿보기 행자의 이름을 세 번 부르고 아래를 보면 사람의 머리가 불쑥 튀어나온다고 한다. 뒷간 엿보기 행자와 마주치지 않으려면 섣달 그믐에 화장실에 들어가 '뒷간 엿보기 행자, 두견새'라는 주문을 외운다. 그렇게 하면 그 다음 1년 동안은 화장실에서 요괴와 만나지 않는다고 한다. 그러나 이 주문을 3번 외우면, 살아 있는 인간의 머리가 떨어진다. 대부분의 사람은 깜짝 놀라 도망치지만, 그 머리를 주워 왼쪽 소매에 넣은 후 끄집어내면 황금으로 변한다는 이야기도 있다. 뒷간 엿보기 행자는 단지 사람을 놀리는 것뿐만이 아니라 행운도 가져다주기에 '화장실 신의 화신'이라 불리기도 한다.

▲ 옛날 뒷간을 엿보는 뒷간 엿보기 행자를 그린 에도 시대의 그림

제7장 집에 나타나는 요괴

### 좌

부 동자는 이와테 현 등의 동북 지방에 전해지는 신이나 정령 같은 역할을 하는 요괴다. 단발머리를 한 어린아이의 모습이며 자고 있는 사람의 이불 위에 올라타거나 베개를 뒤집거나 소리를 지르는 등 장난을 친다. 좌부 동자는 '자시키봇코'나 '구라봇코' 등의 별명이 있으며, 개중에도 피부가 희고 어여쁜 좌부 동자를 가리켜 '쵸우피라코'라고 부른다. 동료 좌부 동자로는 '노타바리코'라는 이름을 가진, 밤이 되면 봉당(안방과 건너방 사이가 흙으로 된 곳)에서 스물스물 기어나와 객실을 기어 돌아다니는 기분 나쁜 요괴도 있다. 좌부 동자가 있는 동안, 그 집은 유복해지지만 떠나 버리면 가난해지거나 불행해진다고 한다. 그렇기에 좌부 동자가 있는 집에서는 장난질을 당해도 싫어하기는커녕 오히려 환영한다고 한다. 어떤 집에서는 좌부 동자를 위해 매일 음식을 준비해 대접한다. 팥과 함께 지은 밥을 매우 좋아하는데, 만일 준비한 공물이 줄어들지 않으면 좌부 동자가 그 집을 떠나려는 신호이다.

제7장 집에 나타나는 요괴

**MEMO**
좌부 동자는 어른에게는 보이지 않는다. 좌부 동자가 아이들 사이에 들어가 섞여 놀아도 어른은 누가 좌부 동자인지 알 수 없다고 한다.

▲ 좌부 동자를 모신 이와테 현 니노헤 시의 가메마로 신사

**아** 키타 현의 오가 지방에서는 12월 31일 섣달 그믐날, 귀신의 모습을 한 산신이 나타나 "우는 아이는 없나?" 하고 외치며 집집마다 방문한다. 나마하게는 바로 이 산신의 이름이다. 집주인은 이 신을 정중히 대접하며 재앙을 물리쳐 주고 다음 해에 풍작을 거둘 수 있기를 기원한다고 한다.

▲ 아키타 현의 행사 모습

그러나 본디 '나마하게'는 화롯불만 쬐며 게으름 부리는 사람의 다리에 생긴 사마귀를 떼러 오는 도깨비를 말한다. 이 지방에선 사마귀를 '나모미'라고 불렀으며, '나모미 떼내기(나모미 하기)'가 변형되어 '나마하게'라는 이름이 되었다. 그 정체는 명확하지 않지만 일설에 옛 중국 황제가 일본에 데려온 5마리의 귀신이 아닐까 하는 이야기가 있다. 그 귀신들은 마을로 내려와 농작물을 뺏거나 젊은 여인들을 납치하는 등 난폭의 끝을 달리고 있었다. 고통 받던 마을 사람들은 지혜를 짜내어 계획을 꾸몄다. "아침까지 1,000개의 단이 있는 돌층계를 쌓을 수 있다면 여자를 바치겠습니다. 그러나 쌓지 못한다면 마을에서 나가 주세요." 하고 귀신과 약속한 것이다. 그러자 귀신들은 동이 트기 전 일찌감치 999단까지 돌층계를 쌓아올렸다. 그러나 어떤 마을 사람이 기지를 발휘해 닭 울음소리를 흉내내자 아침이 밝은 줄 안 귀신들은 놀라 도망쳤다. 이리하여 마을은 평화를 되찾았고, 귀신들은 마을을 지키는 수호신으로 모셔지게 되었다고 한다.

## FILE 78 Monsters of the World

**장지문에 눈이 빼곡히**

# 모쿠모쿠렌

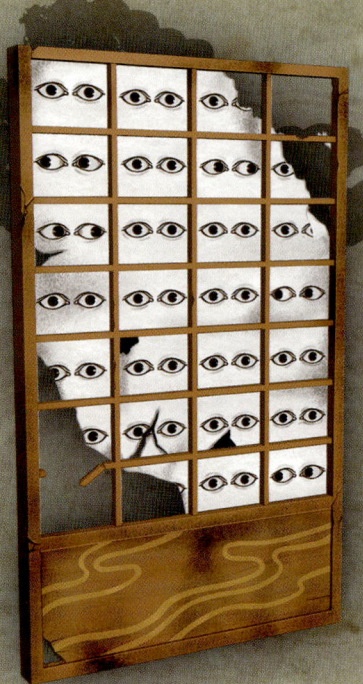

▶ 모쿠모쿠렌은 그냥 바라보기만 하는 요괴다.
다만 불쾌하고 기분 나쁜 느낌을 준다.

**다** 다미방에서 누군가의 시선이 느껴져 뒤를 돌아본 순간, 장지문 어귀에서 하나둘씩 눈이 떠오르고 있다면……. 그것이 바로 '모쿠모쿠렌'이라는 요괴다. 바둑 기사였던 사람이 예전에 살던 집에 변신하고 나타난 것이 시작이다. 바둑판의 구석구석을 빠짐없이 훑어보는 것이 기사(바둑을 두는 사람)의 일이다. 그 시선에 들어찬 강한 염원이 집 안에 머물러 모쿠모쿠렌이 된다는 것이다. 예로부터 전 세계 각지에서도 시선에는 특별한 힘이 있다고 믿어졌다. 증오나 적의를 가진 누군가가 쳐다보면 그것만으로도 상대에게 위해를 가할 수 있다고 한다. 악의를 지닌 모쿠모쿠렌이 나올 경우에는 그 집에 불행한 일이 생길지도 모른다.

[장소] 일본
위험도 ★★★★☆
요력 ★★★☆☆
레어도 ★★☆☆☆

FILE 79
Monsters of the World

**오래된 이불의 요괴**

# 너덜너덜 이불
## (보로보로톤)

제7장 집에 나타나는 요괴

오래되어 해지고 터졌어도 버리지 않고 둔 이불은 마침내 '너덜너덜 이불'이라는 요괴로 변한다.
옛날, '너덜너덜'이라 불리던 사람들이 있었다고 한다. '너덜너덜'이란 세상을 등지고 이곳저곳을 유랑하며 사는 부랑자들을 가리키는 것이었다. '너덜너덜 이불'은 그런 부랑자들의 후회나 원통함이 그들이 사용하던 너덜너덜한 이불에 붙어 둔갑한 요괴일지도 모른다.

또한, 또다른 이불 요괴로 아이치 현의 사쿠지마에 있는 '이불 씌우기(후톤카부세)'라는 요괴가 있다. 이불을 얼굴에 갑자기 덮어씌운다는 점에서 잇탄모멘와 비슷한 요괴이다.

[장소] 일본
위험도 ★★★★★
요력 ★★★★★
레어도 ★★★★☆

189

**자고 있는 동안 조심!**

# 베개 뒤집기
## (마쿠라가에시)

[장소] 일본
위험도 ★★★☆☆
요력 ★★★★☆
레어도 ★★☆☆☆

**똑** 바로 누워서 잠들었는데 아침에 일어나니 베개가 거꾸로 놓여 있거나 방 귀퉁이에 굴러가 있거나, 머리와 발의 위치가 누웠을 때와 반대 방향이거나 했던 적이 있는가? 그렇다면 그것은 요괴 '베개 뒤집기'가 자고 있는 사이에 장난을 친 탓일지도 모른다. 베개 뒤집기의 모습이나 정체는 지역마다 다르다. 어린아이 같은 모습이라고도 하고, 작은 인왕상 같은 모습을 하고 있다고도 한다. 그 방에서 죽은 사람의 영혼이 베개 뒤집기가 되어 나타난다는 이야기도 있다.

동북 지방에서는 '좌부 동자'가 베개를 뒤집는 장난도 자주 치기에 베개 뒤집기의 정체는 좌부 동자라는 소리도 있다.

베개를 뒤집는 장난이 별것 아닌 것으로 보여도 장난을 당한 사람들 중에는 목숨을 잃는 이도 있다. 우리가 평소 꾸는 꿈은 이 세상에 근접한 이세계(異世界)이다. 인간의 혼은 자고 있는 사이에 몸에서 빠져나와 이세계를 여행하는 셈이다. 베개는 이세계로 여행을 떠나기 위한 중요한 도구로, 이러한 베개가 뒤집어지면 혼이 돌아오지 못할 수도 있다.

▲ 상상 속의 동물인 '맥'의 그림. 맥은 꿈을 먹는다는 전설이 있다. 맥의 그림을 베개 밑에 넣어 두면 베개 뒤집기가 나오지 않는다고 한다.

# Monsters of the World 81

### 아무도 그 정체를 모른다
# 누라리횬

누라리횬은 저녁 식사 준비로 분주한 해질녘에 홀연히 나타나 가족들이 눈치 채지 못하는 틈에 멋대로 집에 들어와 한가로이 차를 홀짝이는 노인의 모습을 한 요괴이다. 지나치게 당당한 탓에 아무도 그를 이상하게 생각하지 않는다. 요괴는 어느 사이엔가 다시 사라진다. 에도 시대의 책에 누라리횬의 모습이 그려져 있지만, 이 요괴가 무엇 때문에 나타나는 건지 그 목적이나 정체는 전혀 알려져 있지 않다. '표주박으로 메기 잡는 요괴'로 비유되기도 한다. 표주박으로 메기를 눌러 잡으려고 하면 계속 빠져나가는 것처럼, 종잡을 수 없는 요괴라는 뜻이다. 일설로는 요괴들의 대장이라고도 한다.

[장소] 일본
위험도 ★★★★★
요력 ★★★★
레어도 ★★★★

## 불단에서 사람에게 장난을 치는

# 비롱

▶ 전혀 기도할 마음이 나지 않는 비롱의 한심한 모습.

제7장 집에 나타나는 요괴

**불**단에서 튀어나와 사람을 놀래키는 요괴로 '누리보토케'가 있다. 오래되어 잊혀진 불단에 달라붙은 요괴로, 딱히 나쁜 짓을 하는 것은 아니지만 어딘지 모르게 기분 나쁜 존재다. 어느 날, 이 누리보토케는 불단에 모셔진 부처님처럼 매일 사람들이 와서 기도해 주길 바랐다. 그러나 요괴가 부처님인 양 행세하는 건 천벌을 받을 일이었다. 이 때문에 누리보토케는 '비롱'이라는 요괴의 모습으로 변해 버렸다고 한다. 비롱은 곤약처럼 퉁퉁 불은 몸을 하고 있는데, '비로~옹' 하고 말하며 꼬리로 사람의 얼굴을 쓰다듬어 놀라게 한다. 그때 "부처님께 이른다." 고 말하면, 겁을 먹고 도망친다고 한다.

[장소] 일본
위험도 ★☆☆☆☆
요력 ★☆☆☆☆
레어도 ★★☆☆☆

# FILE 83 — Monsters of the World

**아이들을 납치하러 온다!**

## 부기맨 (Boogeyman)

**말**을 듣지 않는 아이들을 납치하러 오는 요괴는 전 세계에 여럿 있다. 일본에는 섣달 그믐날에 식칼을 높이 쳐들고 나타나 나쁜 아이를 찾는 '나마하게'가 유명하다. 미국과 유럽 등지에는 '부기맨'이라는 무서운 얼굴을 한 괴인이 옷장이나 침대 밑에 숨어 있다가, 밤늦게까지 자지 않고 놀고 있거나 부모님 말씀을 듣지 않고 멋대로 구는 아이를 큰 자루에 넣어 납치해 간다는 전설이 있다. 큰 자루를 메고 있기에 언뜻 보면 크리스마스에 나타나는 산타클로스처럼 보이지만 그 자루 안에는 살아 있는 어린아이가 들어 있다!

부기맨은 납치한 아이들을 악마에게 팔아넘긴다고 한다.

[장소] 미국 등
위험도 ★★★★★
요력 ★★★☆☆
레어도 ★★★☆☆

# FILE 84
## Monsters of the World

### 사람들을 돕는 작은 인간 모습의 요정
# 브라우니
## (Brownie)

▶ 갈색(브라운) 옷을 입고 있어서 '브라우니'라는 이름이 붙었다.

제7장 집에 나타나는 요정

스코틀랜드나 영국의 민가에 살며 인간에게 자그마한 행복을 가져다준다는 요정이 브라우니다. 브라우니는 집 식구들이 자고 있는 동안 구두를 닦거나 청소를 하거나 풀을 베어 놓거나 양을 지키는 등 도움을 준다. 한 번 마음에 들면 브라우니는 후세까지 지켜 준다고 한다. 그러나 브라우니가 해 준 집안일을 불평하면, 그 즉시 화를 내며 집을 나가 버린다. 브라우니에게 고마움을 표하고 싶을 때에는 먹을 것을 방 귀퉁이에 살짝 놔둔다. 브라우니는 사람의 눈에 띄는 것을 싫어하기 때문에, 고맙다는 인사를 할 때도 눈치 채지 못하게 해야 한다.

[장소] 영국
위험도 ★★★★★
요력 ★★★★★
레어도 ★★★★★

## 요괴와 보낸 한 달
# 이노 원령록 화첩

히로시마 현 미요시 시에는, 실제 이야기를 그렸다는 요괴 화첩이 있다. 이것이 바로 『이노 원령록』이다. 어느 여름의 31일 동안 이노 헤이타로라는 소년의 집에 매일 나타난 괴물이나 괴이한 일들을 기록한 것이라고 한다. 에도 시대 중반쯤, 16세였던 헤이타로는 담력 시험을 위해 히구마 산에 올랐다. 그때는 아무 일 없이 하산했으나, 얼마 지나지 않아 헤이타로의 집에 여러 괴이한 일들이 일어나기 시작했다. 그러나 헤이타로는 전혀 두려워하지 않았기에, 마지막에는 요괴들의 대장인 산모토 고로자에몬이 나타나 패배를 인정하고 헤이타로의 용기를 칭송하며 물러갔다고 한다. 한 달 동안 헤이타로의 주변에서 일어난 괴이한 일들의 일부를 이곳에 소개한다.

**1일째**
◀ 헤이타로의 집에 갑자기 거대한 외눈박이 사내가 나타나 두툼한 손을 뻗어 헤이타로를 꽉 움켜쥐었다.

### 5일째

◀ 게처럼 생긴 돌 요괴가 나타났다. 손님이 깜짝 놀라 칼을 뽑아들자, 헤이타로(우측)는 아무렇지 않은 얼굴로 "자아, 진정하게."라고 말했다..

### 6일째

▶ 출입문을 꽉 채우며 나타난 거대한 노파의 얼굴. 미간을 콕 하고 작은 칼로 찔러도 아파하는 기색이 없어, 헤이타로는 그대로 요괴를 내버려 두었다.

### 25일째

◀ 헤이타로가 정원으로 나오다가 온 몸이 새파란 축 늘어진 요괴를 밟아 버렸다.

### 26일째
▲어디에선가 여자의 머리가 날아들었는데, 그 목에서 손이 돋아났다. 여자는 헤이타로의 몸을 이곳저곳 쓰다듬었다.

### 30일째
◀거대한 머리가 나타나더니 그곳에서 징그러운 지렁이가 왕창 쏟아졌다. 요괴에는 동요하지 않는 헤이타로였지만, 잔뜩 쏟아져 내린 지렁이에는 완전히 질려 버렸다.

### 31일째
▶헤이타로 앞에 '산모토 고로자에몬'이라 불리는 마왕(좌측)이 나타나, 헤이타로의 용기를 칭송하며 마법의 나무망치를 건넸다. 이리하여 일련의 괴이한 일들은 일단락되었다고 한다.

## 참고 문헌

「ムー」各号（학연）／佐藤有文『妖怪大図鑑』（소학관）
水木しげる『世界の妖怪大百科』（소학관）
日野巌『動物妖怪譚 上・下』（중앙공론신사）
柳田國男『妖怪談義』（강담사）
小松和彦『日本妖怪異聞録』（소학관）
常光徹監修『にっぽん妖怪大図鑑』（포플러사）
村上健司『妖怪事典』（매일신문사）
望獲つきよ『徹底図解 幻獣事典』（신성출판사）
Apollodoros　高津春繁訳『ギリシア神話』（암파서점）
『ギリシャ神話とオリンポスの神々』（죽서방）
『幻想世界の幻獣・討伐者ベストセレクション決定版』（학연）
山口直樹『妖怪ミイラ完全FILE』（학연）
『ヴィジュアル版謎シリーズ　日本の妖怪の謎と不思議』（학연）
宮本幸枝『日本の妖怪FILE』（학연퍼블리싱）
宮本幸枝『津々浦々「お化け」生息マップ』（기술평론사）

## 사진 제공

ムー編集部／宮本幸枝／国立国会図書館
©Photolibrary……49, 64, 75, 79, 85, 129, 145, 171, 173, 178
©Reggaeman……123
© アマナイメージズ……175, 187

## 비주얼 미스터리 백과 ❺
## 세계 요괴 대백과

**편저자** 학연교육출판
**역자** 김서원
**찍은날** 2015년 7월 15일 초판 1쇄
**펴낸날** 2019년 6월 19일 초판 4쇄
**펴낸이** 홍재철
**책임편집** 최진선
**디자인** 박성영
**마케팅** 황기철·안소영
**펴낸곳** 루덴스미디어(주)
**주소** 경기도 고양시 일산동구 무궁화로 43-55, 604호(장항동, 성우사카르타워)
**홈페이지** http://www.ludensmedia.co.kr
**전화** 031)912-4292 | **팩스** 031)912-4294
**등록 번호** 제 396-3210000251002008000001호
**등록 일자** 2008년 1월 2일

ISBN 978-89-94110-91-2 74900
ISBN 978-89-94110-86-8(세트)

결함이 있는 책은 구입하신 곳에서 바꾸어 드립니다.
값은 뒤표지에 있습니다.

이 도서의 국립중앙도서관 출판시도서목록(CIP)은 e-CIP홈페이지
(http://www.nl.go.kr/ecip)에서 이용하실 수 있습니다. (CIP제어번호 : CIP2015018640)

学研ミステリー百科 5巻 世界の妖怪大百科
学研教育出版・編・著

Gakken Mystery Hyakka 5kan  Sekai no Youkai Daihyakka
© Gakken Education Publishing 2014
First published in Japan 2014 by Gakken Education Publishing Co., Ltd., Tokyo
Korean translation rights arranged with Gakken Education Publishing Co., Ltd.